Langenscheidt
Universal-Sprachführer

Türkisch

Die wichtigsten Sätze plus Reisewörterbuch

Langenscheidt

Abkürzungen

n sächlich
pl Plural

Bildnachweis

Cover: Getty Images/Marc Dozier
S. 8: Shutterstock/Lepneva Irina
S. 26: Getty Images/Salvator Barki
S. 60: Getty Images/mgstudyo
S. 78: Getty Images/yagmradam
S. 108: Getty Images/Nikada
S. 140: Getty Images/lucky_spark
S. 174: Getty Images/DANNY HU
S. 204: Getty Images/YaroslavKryuchka

Gestaltungskonzept von Farnschläder & Mahlstedt, Hamburg
Covergestaltung von KW43 BRANDDESIGN, Düsseldorf

Satz: zweiband.media, Berlin
Druck und Bindung: C. H. Beck, Nördlingen
ISBN 978-3-12-514466-8
www.langenscheidt.com

Inhalt

Übernachten 60

Essen & Trinken 78

Einkaufen 108

Aktivitäten 140

Gut zu wissen 174

Reisewörterbuch 204

Um Ihnen die Aussprache des Türkischen zu erleichtern, geben wir die türkischen Sätze und Wörter zusätzlich in einer einfachen Lautschrift an. Beachten Sie dabei folgende Sonderzeichen:

Das Zeichen : nach einem Vokal zeigt an, dass der Vokal lang ausgesprochen wird (ein langes a z.B. wie in Dame): ilave ila:wé (zusätzlich).

Nach einem Konsonanten bedeutet das Längenzeichen, dass dieser doppelt gesprochen wird, z. B. wie die zwei k in Musikkapelle: takke tak:é Mütze.

Neben dem i (mit Punkt) gibt es im Türkischen ein i ohne Punkt = ı. Es wird in der vereinfachten Lautschrift mit ə wiedergegeben und klingt wie ein schwaches e.

Zur Angabe der Betonung haben wir in der Lautschrift die betonte Silbe im Wort mit dem Akzentzeichen markiert: otel otél Hotel.

Text	Laut-schrift	Aussprache	Beispiel
c	dsch	wie das *dsch* in Dschungel	ceket dschekét Jacke
ç	tsch	wie das *tsch* in tschechisch	çadır tschadər Zelt

Text	Laut-schrift	Aussprache	Beispiel
ğ	:	ein kaum hörbares, weiches *g*	**soğan** ßo:án Zwiebel
h	ch h	wie das *ch* in Bauch am Wortanfang wie das *h* in Haus	**şehir** schechír Stadt **havaalanı** hawá:lanə Flughafen
ı	ə	ein kurzes, dumpfes *i*, fast wie das *e* in machen	**rakı** rakə Anisschnaps
j	sch	wie das *j* in Journalist	**jilet** schilet Rasierklinge
s	ß	stimmloses *s* wie in Pass	**su** ßu Wasser
ş	sch	stimmloses *sch* wie in schon	**şarap** scharáp Wein
v	w	wie das *w* in Wasser	**pilav** piláw gekochter Reis
y	j	wie das *j* in jeder	**ay** aj Monat
z	s	stimmhaftes *s* wie in Reise	**zor** sor schwierig

Ins Gespräch kommen

Verständigung

Spricht hier jemand ▸	▸ bilen var mı burada? ▸ bilén wár-mə búrada?
▸ Deutsch?	▸ Almanca almándscha
▸ Englisch?	▸ İngilizce ingilísdsche
Haben Sie verstanden?	Anladınız mı? anladənə́s-mə?
Ich habe verstanden.	Anladım. anladə́m.
Ich habe das nicht verstanden.	Anlamadım. anlámadəm.
Sprechen Sie bitte etwas langsamer.	Lütfen biraz yavaş konuşur musunuz? lü̂tfen bíras jawásch konuschúr-mußunus?
Könnten Sie das bitte wiederholen?	Tekrar eder misiniz? tékrar edér-mißinis?
Was bedeutet ...?	... ne demek? ... né-demek?
Wie heißt das auf Türkisch?	Bunun Türkçesi ne? búnun türktscheßí ne?
Könnten Sie es mir bitte aufschreiben?	Yazar mısınız, lütfen? jasár-məßənəs, lü̂tfen?

Begrüßung

Hallo!	Merhaba! mérchaba!
Guten Morgen!	Günaydın! günájdən!
Guten Tag!	İyi günler! ijí-günlér!
Guten Abend!	İyi akşamlar! ijí-akschamlár!
Gute Nacht!	İyi geceler! ijí-gedschelér!
Wie geht's?	Ne var, ne yok? né-war, né-jok?
Wie geht es Ihnen | dir?	Nasılsınız | Nasılsın? náßəlßənəs | náßəlßən?
Danke, gut. Und Ihnen | dir?	Teşekkür ederim, iyiyim. Ya siz | sen? teschek:űr edérim, ijíjim. ja ßis | ßen?
Tschüs!	Hoşça kalın! hóschtscha kalən!
Auf Wiedersehen! *(sagt der bzw. die Zurückbleibende)*	Güle güle! gülé-güle!

Info Im Alltag begrüßt man sich mit Merhaba! Ein Gruß unter Männern ist Selamünaleyküm! (Friede sei mit euch!). In Ämtern oder Büros verwendet man zur Begrüßung das neutrale İyi günler!

Auf Wiedersehen! *(sagt der bzw. die Abschiednehmende)*	Allahaısmarladık! aláßmarladək!
Schön, Sie | dich kennengelernt zu haben.	Sizinle | Seninle tanıştığıma memnun oldum. ßisínle | ßenínle tanəschtə:əmá memnú:n oldúm.
Schönen Tag noch!	Tekrar iyi günler! tékrar ijí-günlér!
Bis bald!	Yakında görüşmek üzere! jakəndá görüschmék üseré!
Bis morgen!	Yarın görüşmek üzere! járən görüschmék üseré!

Sich kennenlernen

Sich bekannt machen

Info Zwischen du und Sie wird im Türkischen nicht so streng unterschieden wie im Deutschen. Älteren Personen und Vorgesetzten gegenüber verwendet man aber die Höflichkeitsform. Wenn man den Namen seines Gesprächspartners nicht kennt, sagt man zu Männern beyefendi und hanımefendi oder bayan zu Frauen.

Wie heißen Sie | heißt du?	Adınız | Adın ne? adənə́s | adə́n ne?
Ich heiße ...	Adım ... adə́m ...
Woher kommen Sie?	Nerelisiniz? nérelißinis?
Ich komme aus Deutschland.	Almanyalıyım. almánjaləjəm.
Ich komme aus Österreich.	Avusturyalıyım. awußtúrjaləjəm.
Ich komme aus der Schweiz.	İsviçreliyim. ißwítschrelijim.
Wie alt sind Sie?	Kaç yaşındasınız? katsch jaschəndáßənəs?
Ich bin ... Jahre alt.	... yaşındayım. ... jaschəndájəm.
Sind Sie | Bist du verheiratet?	Evli misiniz | misin ewlí-mißinis | -mißin
Ich bin ►	Ben ► ben ►
► ledig.	► bekâr. bekar.
► verheiratet.	► evli. ewlí.
► geschieden.	► boşanmış. boschanmə́sch.
Ich lebe getrennt.	Ayrı yaşıyorum. ajrə́ jaschə́jorum.

Haben Sie Kinder?	**Çocuğunuz var mı?** tschodschu:unús wár-mə?
Was machen Sie beruflich?	**Mesleğiniz ne?** meßle:inís ne?

Sich verabreden

Treffen wir uns ►	► **buluşalım mı?** ► buluschaləm-mə?
► heute Abend? ► morgen?	► **Bu akşam** bu akschám ► **Yarın** járən
Wollen wir heute Abend zusammen essen?	**Bu akşam birlikte yemek yiyelim mi?** bu akschám birlikté jemék jijelím-mi?
Wann treffen wir uns?	**Ne zaman buluşalım?** né-saman buluschaləm?
Wo treffen wir uns?	**Nerede buluşalım?** nérede buluschaləm?
Treffen wir uns doch um ... Uhr.	**Saat ... -de buluşalım.** ßa:t ... -de buluschaləm.
Ich hole Sie | dich um ... Uhr ab.	**Sizi | Seni saat ... -de gelip alırım.** ßisí | ßení ßa:t ... -de gelíp alərəm.

Wie ist Ihre Handynummer?	**Cep telefon numaranız ne?** dschep telefón númaranəs ne?
Wie ist Ihre E-Mail-Adresse?	**E-posta adresiniz ne?** e-poßtá adréßinis ne?
Ich bringe Sie | dich nach Hause.	**Sizi | Seni eve bırakayım.** ßisí | ßení ewé bərakajə́m.
Ich bringe Sie | dich zur Bushaltestelle.	**Sizi | Seni otobüs durağına bırakayım.** ßisí | ßení otobǘß dura:əná bərakajə́m.
Es tut mir leid, aber ich muss jetzt gehen.	**Üzgünüm, ama şimdi gitmem lazım.** üsgǘnüm, amá schímdi gitmém lá:səm.
Vielen Dank für den netten Abend.	**Bu güzel akşam için çok teşekkür ederim.** bu güsél akschám itschín tschok teschek:ǘr edérim.
Sehen wir uns noch einmal?	**Tekrar görüşebilecek miyiz?** tékrar görüschebiledschék-mijis?
Sehr gerne.	**Memnuniyetle.** memnunijétle.
Vielleicht.	**Belki.** bélki.
Es tut mir leid, aber ich kann nicht.	**Üzgünüm, ama olmaz.** üzgǘnüm, amá ólmas.

Flirten

Sind Sie | Bist du alleine hier?	**Yalnız mı geldiniz | geldin?** jalnə́s-mə geldínis | geldín?
Ich warte auf jemanden.	**Birini bekliyorum.** biriní beklíjorum.
Lassen Sie mich in Ruhe!	**Rahat bırakın beni!** rachát bərakə́n bení!
Verschwinde!	**Defol!** defól!
Du gefällst mir sehr.	**Seni çok beğeniyorum.** ßení tschok be:eníjorum.
Kommst du mit zu mir?	**Evime gidelim mi?** ewimé gidelím-mi?
Ich mag dich.	**Senden hoşlanıyorum.** ßendén hoschlanə́jorum.
Ich liebe dich.	**Seni seviyorum.** ßení ßewíjorum.
Ich möchte mit dir schlafen.	**Seninle yatmak istiyorum.** ßeninlé jatmák ißtíjorum.
Aber nur mit Kondom.	**Ama sadece kondomla.** ama ßá:dedsche kondomlá.

Weitere Wörter

Adresse	adres adréß
allein	yalnız jalnəs
Beruf	meslek meßlék
bitte	lütfen lǘtfen
Bruder	erkek kardeş erkék kardésch
danke	sağol ßa:-ól
einladen	davet etmek dawét etmék
erfreut	memnun memnú:n
essen gehen	yemeğe çıkmak jeme:é tschəkmák
Foto	fotoğraf foto:ráf
Frau (Anrede)	bayan baján
Frau (Ehefrau)	karı, eş karə́, esch
Freund(in)	arkadaş arkadásch
Geschwister	kardeş kardésch
heißen	adı olmak adə́ olmák
ich heiße	benim adım bením adə́m
Herr (Anrede)	bay baj
Junge	genç gentsch
kennenlernen	tanışmak tanəschmák
Kind	çocuk tschodschúk
kommen aus	... li olmak ... li olmák
Kondom	kondom kondóm
Land	ülke ülké
langsam	yavaş jawásch
Mädchen	kız kəs

Mann (Ehemann)	koca, eş kodschá, esch
mögen	sevmek ßewmék
Mutter	anne ánne
Schule	okul okúl
Schwester	kız kardeş kəs kardésch
Sohn	oğulw o:úl
sprechen	konuşmak konuschmák
Stadt	şehir schechír
Student	erkek öğrenci erkék ö:rendschí
Studentin	kız öğrenci kəs ö:rendschí
studieren	öğrenim yapmak ö:rením japmák
tanzen gehen	dans etmeye gitmek danß etmejé gitmék
Tochter	kız çocuk kəs tschodschúk
sich treffen	buluşmak buluschmák
Urlaub	tatil ta:tíl
Vater	baba babá
verheiratet	evli ewlí
Verlobte(r)	nişanlı nischanlə́
sich verabreden	sözleşmek ßösleschmék
verstehen	anlamak anlamák
warten	beklemek beklemék
wenig	az as
wiederholen	tekrar etmek tékrar etmék
wiederkommen	tekrar gelmek tékrar gelmék
wiedersehen	tekrar görmek tékrar görmék

Zeitangaben

Wie spät ist es?	**Saat kaç?** ßa:t kátsch?
Es ist zwölf Uhr ▸ ▸ mittags. ▸ nachts.	**Saat ▸ on iki.** ßa:t ▸ on-ikí. **▸ öğlen** ő:len **▸ gece** gedsché
Es ist ein Uhr.	**Saat bir.** ßa:t bír.
Es ist zwei Uhr.	**Saat iki.** ßa:t ikí.
Es ist fünfzehn Uhr fünfunddreißig.	**Saat on beş otuz beş.** ßa:t on besch otús besch.
Es ist halb sieben.	**Saat altı buçuk.** ßa:t altə butschúk.
Es ist Viertel vor neun.	**Saat dokuza çeyrek var.** ßa:t dokusá tschejrék war.
Um wie viel Uhr?	**Saat kaçta?** ßa:t katschtá?
Um zehn Uhr.	**Saat onda.** ßa:t ondá.
Bis elf Uhr.	**Saat on bire kadar.** ßa:t on biré kadár.

Info Am einfachsten geben Sie im Türkischen die Uhrzeit an, indem Sie die offiziellen Zeitangaben ähnlich wie im Deutschen verwenden: **Saat on dokuz yirmi beş.** (Es ist neunzehn Uhr fünfundzwanzig.)

Von acht bis neun Uhr.	**Saat sekizden dokuza kadar.**	ßa:t ßekisdén dokusá kadár.
Zwischen zehn und zwölf Uhr.	**Saat on ile on iki arası.**	ßa:t on ile on ikí araßə́.
In einer halben Stunde.	**Yarım saat içinde.**	jarə́m ßa:t itschindé.
Den Wievielten haben wir heute?	**Bugün ayın kaçı?**	búgün ajə́n katschə́?
Heute ist der 2. Juli.	**Bugün iki temmuz.**	búgün íki tém:us.
Wir reisen am 20. August ab.	**Biz yirmi ağustosta gidiyoruz.**	bis jirmí a:ußtóßta gidíjorus.

Wochentage

Montag	**pazartesi**	pasárteßi
Dienstag	**salı**	ßálə
Mittwoch	**çarşamba**	tscharschambá
Donnerstag	**perşembe**	perschembé
Freitag	**cuma**	dschumá
Samstag	**cumartesi**	dschumárteßi
Sonntag	**pazar**	pasár

Monate

Januar	ocak odschák
Februar	şubat schubát
März	mart mart
April	nisan ni:ßán
Mai	mayıs majəß
Juni	haziran hasi:rán
Juli	temmuz tém:us
August	ağustos a:ußtóß
September	eylül ejlǘl
Oktober	ekim ekím
November	kasım kaßəm
Dezember	aralık aralək

Weitere Wörter

Abend	akşam akschám
bald	birazdan bírasdan
bis	kadar kadár
früh	erken erkén
Frühling	ilkbahar ílkbachar
gestern	dün dün
Herbst	sonbahar ßónbachar
heute	bugün búgün
heute Abend	bu akşam bu akschám
Jahr	yıl jəl

nächstes Jahr	gelecek yıl geledschék jəl
jetzt	şimdi schímdi
manchmal	bazen básen
Minute	dakika daki:ká
mittags	öğleyin ő:lejin
Monat	ay aj
vor einem Monat	bir ay önce bir aj őndsche
morgen	yarın járən
Morgen	sabah ßabách
Nachmittag	öğleden sonra ő:leden ßónra
Nacht	gece gedsché
nachts	geceleri gedscheleri
seit	-den beri -den berí
Sekunde	saniye ßá:nije
Sommer	yaz jas
spät	geç getsch
später	sonra ßónra
Stunde	saat ßa:t
halbe Stunde	yarım saat jarə́m ßa:t
Tag	gün gün
übermorgen	öbür gün ő̈bür gün
um	-de -de
vorgestern	önceki gün őndscheki gün
Vormittag	öğleden önce ő:leden őndsche
Winter	kış kəsch
Woche	hafta háfta
Zeit	zaman samán

Wetter

Wie wird das Wetter ►	► hava nasıl olacak?
	► hawá náßəl oladschák?
► heute?	► Bugün búgün
► morgen?	► Yarın járən
Es wird ►	Hava ► olacak.
	hawá ► oladschák.
► schön.	► güzel güsél
► schlecht.	► kötü kötǘ
► warm.	► sıcak ßədschák
► heiß.	► çok sıcak tschok ßədschák
► kalt.	► soğuk ßo:úk
► schwül.	► bunaltıcı bunaltədschə́
Es wird Regen geben.	Yağmur olacak.
	ja:múr oladschák.
Es wird ein Gewitter geben.	Fırtına olacak.
	fərtəná oladschák.
Die Sonne scheint.	Güneş parlıyor.
	günésch parlə́jor.
Es ist ziemlich windig.	Hava oldukça rüzgarlı.
	hawá oldúktscha rüsgarlə́.
Es regnet.	Yağmur yağıyor. ja:múr ja:ə́jor.

Es schneit.	**Kar yağıyor.** kar ja:əjor.
Wie viel Grad haben wir?	**Burada hava kaç derece?** búrada hawá katsch deredsché?
Es sind ... Grad (unter null).	**Hava (eksi) ... derece.** hawá (ekßí) ... deredsché.

Weitere Wörter

bewölkt	**bulutlu** bulutlú
Blitz	**şimşek** schimschék
diesig	**puslu** pußlú
Donner	**gök gürültüsü** gök gürültüßű
feucht	**nemli** nemlí
frieren	**donmak** donmák
es friert	**donuyor** donújor
Frost	**don** don
Glatteis	**kaygan buz** kájgan bus
Grad	**derece** deredsché
Hagel	**dolu** dolú
heiter	**bulutsuz** bulutßús
Hitze	**aşırı sıcak** aschərá ßədschák
Hoch	**yüksek basınç alanı** jükßék baßántsch alanə́
klar	**açık** atschə́k
Klima	**iklim** iklím
kühl	**serin** ßerín

Luft	hava hawá
Mond	ay aj
nass	yaş jasch
Nebel	sis ßiß
Niederschläge	yağış ja: əsch
Nieselregen	çisenti tschißénti
Regenschauer	sağanak ßa:anák
regnerisch	yağmurlu ja:murlú
Schnee	kar kar
Sonne	güneş günésch
Sonnenaufgang	gündoğumu gündo:umú
Sonnenuntergang	günbatımı günbatəmə́
sonnig	güneşli güneschlí
Stern	yıldız jəldə́s
Sturm	fırtına fərtəná
stürmisch	fırtınalı fərtənalə́
tauen	erimek erimék
es taut	kar eriyor kar eríjor
Temperatur	hava sıcaklığı hawá ßədschaklə:ə́
Tief	alçak basınç alanı altschák baßə́ntsch alanə́
trocken	kuru kurú
Unwetter	kasırga kaßərgá
wechselhaft	değişken de:ischkén
Wind	rüzgar rüsgár
Wolke	bulut bulút

Unterwegs

Ein- und Ausreise

Das könnten Sie hören:

Pasaportunuz, lütfen.
paßaportunús, lűtfen.
Ihren Pass, bitte.

Kimlik kartınız, lütfen.
kimlík kartənás, lűtfen.
Ihren Personalausweis, bitte.

Pasaportunuzun süresi geçmiş.
paßaportunusún ßüreßí getschmísch.
Ihr Pass ist abgelaufen.

Vizeniz var mı?
wisenís wár-mə?
Haben Sie ein Visum?

Gümrüğe tabi bir şeyiniz var mı?
gümrü:é tá:bi bir schejinís war-mə?
Haben Sie etwas zu verzollen?

Lütfen arabanın bagajını açınız.
lűtfen arabanən bagaschənə́ atschənə́s.
Öffnen Sie bitte den Kofferraum.

Lütfen arabanın bavulu açınız.
lűtfen arabanən bawulú atschənə́s.
Öffnen Sie bitte den Koffer.

Weitere Wörter

Ausweis	**kimlik** kimlík
Fahrzeugpapiere	**araba kağıtları** arabá ka:ətlarə́
Familienname	**soyadı** ßojadə́
Grenze	**sınır** ßənə́r
gültig	**geçerli** getscherlí
Impfpass	**aşı kağıdı** aschə́ ka:ədə́
Mehrwertsteuer	**katma değer vergisi** katmá de:ér wergißí
Nationalitätskennzeichen	**ulusal plaka** ulußál plaká
Papiere	**kağıtlar** ka:ətlár
Pass	**pasaport** paßapórt
Personalausweis	**kimlík belgesí** kimlík belgeßí
Quittung	**makbuz** makbús
Rechnung	**fatura** faturá
Staatsangehörigkeit	**vatandaşlık** watandaschlə́k
ungültig	**geçersiz** getscherßís
Unterschrift	**imza** imsá:
grüne Versicherungskarte	**yeşil sigorta kartı** jeschíl ßigórta kartə́
verzollen	**gümrük ödemek** gümrǘk ödemék
Wohnort	**oturum yeri** oturúm jerí
Zoll	**gümrük** gümrǘk
Zollerklärung	**gümrük beyanı** gümrǘk beja:nə́

Fragen nach dem Weg

Entschuldigung, wo ist ...?	**Affedersiniz, ... nerede?** áf:ederßinis, ... nérede?
Wie komme ich zu ...?	**... -e nasıl giderim?** ... -e náßəl gidérim?
Wie komme ich nach ...?	**... -e nasıl giderim?** ... -e náßəl gidérim?
Können Sie mir das auf der Karte zeigen?	**Lütfen haritada gösterir misiniz?** lűtfen haritadá gößterír-mißinis?
Wie viele Minuten ►	► **ne kadar sürer?** ► né-kadar ßürér?
► zu Fuß?	► **Yayan** jaján
► mit dem Auto?	► **Araba ile** arabá ile
Wie weit ist es?	**Ne kadar uzak?** né-kadar usák?
Ist das die Straße nach ...?	**Bu ... yolu mu?** bu ... jolú-mu?
Wie komme ich zur Autobahn nach ...?	**... otoyoluna nasıl çıkarım?** ... otojoluná náßəl tschəkárəm?

Das könnten Sie hören:

Bilmiyorum maalesef.
bílmijorum má:leßef.
Tut mir leid, das weiß ich nicht.

Birinci caddeden sola.
biríndschi dschad:edén ßolá.
Die erste Straße links.

Birinci caddeden sağa.
biríndschi dschad:edén ßa:á.
Die erste Straße rechts.

İkinci caddeden sola.
ikíndschi dschad:edén ßolá.
Die zweite Straße links.

İlk ışıklardan ...
ilk əschəklardán ...
An der nächsten Ampel ...

İlk kavşaktan ...
ilk kawschaktán ...
An der nächsten Kreuzung ...

Orada bir kez daha sorunuz.
órada bir kes dachá ßórunus.
Dann fragen Sie noch einmal.

Orts- und Richtungsangaben

arkasında	hinter
bu yoldan	hier entlang
burada	hier
cadde	Straße
çok yakında	nahe bei
doğruca	geradeaus
epey uzak	ziemlich weit
geri	zurück
karşısında	gegenüber
kavşak	Kreuzung
orada	dort
orada arkada	dort hinten
önce	vor
sağa	rechts, nach rechts
sola	links, nach links
trafik ışıkları	Ampel
uzak değil	nicht weit
viraj	Kurve
yanında	neben

Flugzeug

Können Sie mir am Check-in-Automaten helfen?

Check-in cihazında bana yardımcı olabilir misiniz?
tscheckín dschichasəndá bana jardəmcə olabilír-mißinis?

Wie viel kostet ein Flug nach ...?	... -e uçuş kaça? ... -e utschúsch katschá?
Bitte ein Flugticket ▸	Lütfen, ▸ bir bilet. lǘtfen, ▸ bir bilét.
▸ hin und zurück.	▸ gidiş-dönüş gidísch-dönǘsch
▸ Economyclass.	▸ ekonomi sınıfı ekonomí ßənəfə́
▸ Businessclass.	▸ business sınıfı bísnəß ßənəfə́
Ich hätte gern einen ▸	▸ yanından bir yer rica ediyorum. ▸ janəndán bir jer ridschá: edíjorum.
▸ Fensterplatz.	▸ Pencere péndschere
▸ Platz am Gang.	▸ Koridor koridór
Kann ich das als Handgepäck mitnehmen?	Bunu el bagajı olarak yanıma alabilir miyim? bunú el bagaschə́ olarák janəma alabilír-mijim?
Mein Gepäck ist (noch) nicht angekommen.	Bagajım (daha) gelmedi. bagaschə́m (dachá) gélmedi.
Mein Koffer ist beschädigt worden.	Bavulum hasar görmüş. bawulúm haßár görmǘsch.
An wen kann ich mich wenden?	Kime başvurabilirim? kíme baschwurabilírim?

Weitere Wörter

Abflug	kalkış kalkəsch
Ankunft	varış warəsch
Anschlussflug	aktarma uçağı aktarmá utscha:ə́
Ausgang	çıkış tschəkəsch
Bordkarte	biniş kartı binísch kartə́
mobile Bordkarte	mobil biniş kartı mobíl binísch kartə́
elektronisches Ticket	elektronik bilet elektroník bilét
Flughafen	havaalanı hawá:lanə
Flughafenbus	havaalanı otobüsü hawá:lanə otobüßǘ
Flughafengebühr	havaalanı vergisi hawá:lanə wergißí
Flugzeug	uçak utschák
Gepäck	bagaj bagásch
Gepäckannahme	bagaj teslim alma bagásch teßlím almá
Gepäckausgabe	bagaj geri verme bagásch gerí wermé
Gepäckschein	bagaj fişi bagásch fischí
Handgepäck	el bagajı el bagaschə́
Koffer	bavul bawúl
Landung	iniş inísch
Ortszeit	yerel saat jerél ßa:t

Pilot	pilot pilót
Rucksack	sırt çantası ßərt tschántaßə
Rückflug	dönüş uçuşu dönűsch utschuschú
Schalter	kontuar kontuár
Spucktüte	kusmuk torbası kußmúk torbaßə́
Flugbegleiter	kabin görevlisi kabín görewlißí
Flugbegleiterin	hostes hoßtéß
Tasche	çanta tschánta
Ticket	bilet bilét
Übergepäck	fazla bagaj faslá bagásch
Verspätung	gecikme gedschikmé
Zwischenlandung	ara durak inişi ará durák inischí

Auto, Motorrad

Vermietung

Ich möchte ► mieten. — ► kiralamak istiyorum. ► kira:lamák ißtíjorum.

- ► ein Auto — ► Bir araba bir arabá
- ► ein Auto mit Automatik — ► Otomatik vitesli bir araba otomatík witeßlí bir arabá
- ► ein Elektroauto — ► elektrikli araba eléktrikli arabá
- ► ein Motorrad — ► Bir motosiklet bir motoßiklét

►ein Wohnmobil	►**Bir otokaravan** bir otokarawán
Ich möchte es für ► mieten.	► **kiralamak istiyorum.** ► kira:lamák ißtíjorum.
►einen Tag	►**Bir günlüğüne** bir günlü:üné
►zwei Tage	►**İki günlüğüne** ikí günlü:üné
►eine Woche	►**Bir haftalığına** bir haftalə:əná
Ich hätte gern einen Wagen mit Navi.	**Navigasyonlu araç istiyorum.** nawigasjónlu arátsch ißtíjorum.
Wie viel kostet das?	**Ne kadar?** né-kadar?
Wie viele Kilometer sind im Preis enthalten?	**Günlük fiyatın içinde kaç kilometre serbest?** günlǘk fijatən itschínde katsch kilométre ßerbéßt?
Was muss ich tanken?	**Bu arabaya hangi yakıt gerekli?** bu arabajá hángi jakət gereklí?
Ist eine Vollkaskoversicherung eingeschlossen?	**Fiyata tam kasko sigortası dahil mi?** fijatá tam káßko ßigortaßə́ da:chíl-mi?
Kann ich das Auto auch in ... abgeben?	**Arabayı ... -de teslim edebilir miyim?** arabajə ... -de téßlim edebilír-mijim?

Bis wann muss ich zurück sein?	En geç ne zaman teslim etmem lazım? en getsch né-saman téßlim etmém lá:səm?
Haben Sie einen Kinderautositz?	Bir çocuk koltuğu da var mı? bir tschodschúk koltu:ú da wár-mə?
Bitte geben Sie mir einen Sturzhelm.	Lütfen bana bir de kask verin. lǘtfen bána bír-de kaßk werín.

Tankstelle

Wo ist die nächste Tankstelle / E-Ladesäule?	En yakın benzin istasyonu/e-sarj istasyonu nerede? en jakən bensín ißtaßjónu/é-scharsch ißtaßjónu nérede?
Bitte volltanken.	Tam depo doldurun lütfen. tam depó doldúrun lǘtfen.
Bitte für ... Lira ►	Lütfen ... liralık ► lǘtfen ... liralək ►
► Benzin bleifrei.	► kurşunsuz. kurschunßús.
► Super bleifrei.	► kurşunsuz süper. kurschunßús ßüpér.
► Super verbleit.	► süper. ßüpér.
► Diesel.	► mazot. masót.
Ich möchte 1 Liter Öl.	Bir motor yağı istiyorum. bir motór ja:ə ißtíjorum.

Unfall

Rufen Sie bitte schnell ►	**Acele ► çağırınız lütfen!** adschelé ► tschá:ərənəs lǘtfen!
► einen Krankenwagen!	**► ambulans** ambulánß
► die Polizei!	**► polis** políß
► die Feuerwehr!	**► itfaiye** itfaijé
Es ist ein Unfall passiert!	**Bir kaza oldu.** bir kasá: oldú.
... Personen sind (schwer) verletzt.	**... kişi (ağır) yaralı.** ... kischí (a:ər) jarálə.
Bitte helfen Sie mir.	**Bana yardım edin lütfen.** bána jardəm edín lǘtfen.
Ich brauche Verbandszeug.	**Bana sargı bezi lazım.** bána ßárgə besí lá:səm.
Es ist nicht meine Schuld.	**Benim suçum değil.** bénim ßutschúm de:íl.
Ich möchte, dass wir die Polizei holen.	**En iyisi polis çağıralım.** en ijißí políß tscha:əraləm.
Ich hatte Vorfahrt.	**Geçiş hakkı bende idi.** getschísch hak:ə́ bénde idí.
Sie sind zu dicht aufgefahren.	**Çok yakın takip ettiniz.** tschok jakən tákip et:inís.

Sie sind zu schnell gefahren.	**Çok süratliydiniz.** tschok ßüratlijdinís.
Bitte geben Sie mir Ihre Versicherung und Ihre Versicherungsnummer.	**Lütfen bana sigortanızı ve sigorta numaranızı veriniz.** lütfen bána ßigórtanəsə we ßigórta númaranəsə wérinis.
Bitte geben Sie mir Ihren Namen und Ihre Adresse.	**Lütfen bana adınızı ve adresinizi veriniz.** lütfen bána ádənəsə we adréßinisi wérinis.

Panne

Ich habe kein Benzin mehr.	**Benzinim bitti.** bensiním bit:í.
Ich habe eine ►	► **arıza var.** ► á:rəsa war.
► Reifenpanne.	► **Tekerde** tekerdə́
► Motorpanne.	► **Motorda** motordá
Können Sie mir Starthilfe geben?	**Arabayı çalıştırmama yardım eder misiniz?** arabajə́ tschaləschtərmamá jardə́m edér-mißinis?
Könnten Sie ►	► **misiniz?** ► -mißinis?
► meinen Wagen abschleppen?	► **Arabamı çeker** arabamə́ tschekér

▸ mir einen Abschleppwagen schicken?	▸ **Bana bir çekici aracı gönderir** bána bir tschekidschí aradschə́ gönderír
Können Sie mich ein Stück mitnehmen?	**Beni kısa bir mesafe alır mısınız?** béni kəßá bir meßafé alə́r-məßənəs?
Können Sie mir bitte ... leihen?	**Lütfen bana ... ödünç verebilir misiniz?** lǘtfen bána ... ödǘntsch werebilír-mißinis?

In der Werkstatt

Wo ist die nächste Werkstatt?	**En yakın tamirhane nerede?** en jakə́n ta:mirchá:ne nérede?
Mein Wagen steht (an der Straße nach) ...	**Arabam ... (karayolu) üzerinde.** arabám ... (karájolu) üsérinde.
Können Sie ihn abschleppen?	**Onu çekebilir misiniz?** ónu tschekebilír-mißinis?
Können Sie mal nachsehen?	**Bir bakar mısınız?** bir bakár-məßənəs?
Mein Auto springt nicht an.	**Motor çalışmıyor.** mótor tschalə́schməjor.
... funktioniert nicht.	**... çalışmıyor.** ... tschalə́schməjor.

Die Batterie ist leer.	**Akü bitmiş.** ákü bitmísch.
Der Motor klingt merkwürdig.	**Motor tuhaf sesler çıkarıyor.** motór tucháf ßeßlér tschəkarə́jor.
Der Motor zieht nicht.	**Motor çekmiyor.** motór tschékmijor.
Kann ich mit dem Auto noch fahren?	**Hala arabayla gidebilir miyim?** há:la: arabájla gidebilír-mijim?
Machen Sie bitte nur die nötigsten Reparaturen.	**Sadece gerekli tamiratları yapın lütfen.** ßá:dedsche gereklí tamiratlarə jápən lű̋tfen.
Wie viel wird die Reparatur ungefähr kosten?	**Tamir yaklaşık ne kadara mal olacak?** tamír jaklaschə́k né-kadara mal oladschák?
Wann ist es fertig?	**Ne zaman hazır olur?** né-saman hasər olur?

Weitere Wörter

Abschleppseil	**çekme halatı** tschékme halatə́
Abschleppwagen	**çekici aracı** tschekidschí aradschə́
Achse	**dingil** dingíl
Anlasser	**marş** marsch

Auffahrunfall	**bindirme kaza** bindirmé kasá
Auspuff	**egzos** egsóß
auswechseln	**değiştirmek** de:ischtirmék
Autobahn	**otoyol** otojól
Autobahnauffahrt	**otoyol girişi** otójol girischí
Autoschlüssel	**araba anahtarı** arabá anachtarə
Benzinkanister	**benzin bidon(u)** bensín bidon(ú)
Bremsflüssigkeit	**hidrolik yağı** hidrolík ja:ə́
Bremslicht	**fren lambası** fren lambaßə́
Dichtung	**conta** dschónta
Ersatzteil	**yedek parça** jedék partschá
fahren	**sürmek** ßürmék
Feuerlöscher	**yangın söndürücü** jangən ßöndürüdschǘ
Frostschutzmittel	**antifriz** antifrís
Führerschein	**sürücü ehliyeti** ßürüdschǘ echlijetí
Gang	**vites** witéß
Getriebe	**şanzıman** schansəmán
Glühbirne	**ampul** ampúl
grüne Versicherungskarte	**yeşil sigorta kartı** jeschíl ßigórta kartə́
Handbremse	**el freni** el frení
Heizung	**kalorifer** kalorifér
Helm	**kask** kaßk
Hupe	**korna** kórna

Kabel .... kablo kabló
Kanister .... bidon(u) bidon(ú)
kaputt .... arızalı á:rəsalə
Keilriemen .... vantilatör kayışı wántilatör kajəschə́
Kfz-Schein .... araba ruhsatı arabá ruchßatə́
Kindersitz .... çocuk koltuğu tschodschúk koltu:ú
Klimaanlage .... klima klíma
Kotflügel .... çamurluk tschamurlúk
Kreuzschlüssel .... tekerlek anahtarı tekerlék anachtarə́
Kühler .... radyatör radjatő́r
Kühlwasser .... radyatör suyu radjatő́r ßujú
Kupplung .... debriyaj debrijásch
Kurve .... viraj wirásch
Lack .... lak boya lak bojá
Landstraße .... karayolu karájolu
Ladekabel .... şarj kablosu scharsch kablóßu
Ladesäule .... e-sarj istasyonu é-scharsch ißtaßjónu
Leerlauf .... rölanti rölantí
Lenkung .... direksiyon direkßijón
Licht .... ışık əschə́k
Lichtmaschine .... şarj dinamosu scharsch dinámoßu
Luftfilter .... hava filitresi hawá filítreßi
Maut(stelle) .... otoyol gişesi otójol gischeßí

Motorhaube	motor kapağı motór kapa:ə
Motoröl	motor yağı motór ja:ə
Navigationssystem	navigasyon sistemi nawigaßjón ßißtemí
Ölwechsel	yağ değiştirme ja: de:ischtirmé
parken	park etmek park etmék
Parkhaus	kapalı otopark kapalə otopárk
Parkplatz	otopark otopárk
Parkscheibe	park gösterge levhası park göstergé lewchaßə
Parkverbot	park yasağı park jaßa:ə
Rad	teker tekér
Raststätte	dinlenme tesisleri dinlenmé teßißlerí
Reifen	lastik laßtík
Reifendruck	lastiklerin havası laßtiklerín hawaßə
reparieren	tamir etmek tamír etmék
Reservereifen	yedek lastik jedék laßtík
Rücklicht	arka lambası arká lambaßə
Rückspiegel	dikiz aynası dikís ajnaßə
Schalter	gişe gisché
Scheibenwischer	silecekler ßiledscheklér
Scheinwerfer	farlar farlár
Schneeketten	kar zinciri kar sindschirí
Schraube	vida wída

Schraubenschlüssel ..... somun anahtarı ßomún anachtarə
Schraubenzieher ..... tornavida tornawída
Sicherheitsgurt ..... emniyet kemeri emnijét kemerí
Sicherung ..... sigorta ßigórta
Spiegel ..... ayna ajná
Starter ..... marş dinamosu marsch dinamoßú
Starthilfekabel ..... akü takviye kablosu ákü takvijé kabloßú
Stoßdämpfer ..... amortisör amortisőr
Stoßstange ..... tampon tampón
Tachometer ..... takometre takométre
Tankstelle ..... benzin istasyonu bensín ißtaßjónu
Trichter ..... huni huní
Unfall ..... kaza kasá
Unfallprotokoll ..... kaza tutanağı kasá tutana:ə
Ventil ..... subap ßubáp
Verbandskasten ..... ilkyardım çantası ílkjardəm tschántaßə
Vergaser ..... karbüratör karbüratőr
Vorfahrt ..... geçiş hakkı gétschisch hak:ə
Wagenheber ..... kriko kríko
Warndreieck ..... ikaz üçgeni ikás ütschgení
Werkstatt ..... tamirhane ta:mirchá:ne

Werkzeug	alet á:let
Wohnmobil	otokaravan otokarawán
Zange	kerpeten kerpetén
Zeuge, Zeugin	şahit schachít
Zündkabel	ateşleme bobini ateschlemé bobiní
Zündkerze	buji buschí
Zündung	kontak konták
Zusammenstoß	çarpışma tscharpəschmá

Zug

Auskunft und Fahrkarten

Wann fährt ein Zug nach ...?	... -e ne zaman tren var? ... -e né-saman tren war?
Wann fährt der nächste Zug nach ...?	... -e ilk tren ne zaman kalkıyor? ... -e ilk tren né-saman kalkəjor?
Wann ist er in ...?	... -e ne zaman varır? ... -e né-saman warər?
Muss ich umsteigen?	Aktarma yapmam gerekir mi? aktarmá japmám gerekír-mi?

Von welchem Gleis fährt der Zug nach ...?	**... treni hangi perondan kalkıyor?** ... trení hángi perondán kalkəjor?
Was kostet eine Fahrkarte nach ...?	**... -e bilet fiyatı ne kadar?** ... -e bilét fijatə́ né-kadar?
Gibt es eine Ermäßigung für ...?	**... için indirim var mı?** ... itschín indirím wár-mə?
Ist dieser Zug zuschlagpflichtig?	**Bu tren için ek ödeme var mı?** bu tren itschín ek ödemé wár-mə?
Bitte zwei Karten nach ...	**... -e lütfen iki bilet.** ... -e lǘtfen iki bilét.
Bitte eine Karte ►	**Lütfen bir ► bileti.** lǘtfen bir ► biletí.
► einfach.	**► tek gidiş** tek gidísch
► hin und zurück.	**► gidiş-dönüş** gidísch-dönǘsch
► erster Klasse.	**► birinci sınıf** biríndschi ßənə́f
► zweiter Klasse.	**► ikinci sınıf** ikíndschi ßənə́f
► für Kinder.	**► çocuk** tschodschúk
Bitte eine Platzkarte für den Zug um ... Uhr nach ...	**... -e saat ... treni için bir numaralı yer lütfen.** ... -e ßa:t ... trení itschín bir numaralə́ jer lǘtfen.

Ich hätte gerne einen Platz ►	► bir yer rica ediyorum. ► bir jer ridschá: edíjorum.
► am Fenster.	► Pencere yanından péndschere janəndán
► am Gang.	► Koridor yanından koridór janəndán
► im Abteil.	► Kompartmanda kompartmandá
► im Großraumwagen.	► Pulmanda pulmandá

Im Zug

Ist dies der Zug nach ...?	... -e giden tren bu mu? ... -e gidén tren bú-mu?
Könnten Sie mir bitte beim ► helfen?	Lütfen ► yardım eder misiniz? lűtfen ► jardəm edér-mißinis?
► Einsteigen	► binmeme binmemé
► Aussteigen	► inmeme inmemé
Ist dieser Platz frei?	Bu yer boş mu? bu jer bósch-mu?
Entschuldigen Sie, das ist mein Platz.	Affedersiniz, burası benim yerim. áf:ederßinis, búraßə bením jerím.
Können Sie mir bitte helfen?	Lütfen bana yardım eder misiniz? lűtfen bána járdəm edér-mißinis?

Wie viele Stationen sind es noch bis ...?	... -e daha kaç istasyon var? ... -e dachá katsch ißtaßjón war?
Erreiche ich den Zug nach ... noch?	... -e giden trene yetişir miyim? ... -e gidén trené jetischír mijim?

Weitere Wörter

Abfahrt	kalkış kalkəsch
Abteil	kompartıman kompartəmán
ankommen	varmak warmák
Ankunft	varış warəsch
Anschluss	bağlantı ba:lantə́
Ausgang	çıkış tschəkə́sch
aussteigen	inmek inmék
Bahnhof	istasyon ißtaßjón
Bahnsteig	peron perón
besetzt (WC)	meşgul meschgú:l
besetzt (Platz)	dolu dolú
einsteigen	binmek binmék
Ermäßigung	indirim indirím
Fahrplan	hareket saatleri harekét ßa:tlerí
Fahrpreis	bilet ücreti bilét üdschretí
Fensterplatz	pencere yanı péndschere janə́

Gepäckwagen	bagaj vagonu bagásch wagonú
Gleis	peron perón
Klasse	sınıf ßənə́f
Liegewagen	kuşetli vagon kuschétli wagón
Maskenpflicht	maske takma zorunluluğu maßké takmá sorunlulu:u
reserviert	rezerve reserwé
Schaffner, Schaffnerin	kondüktör kondüktő́r
Schlafwagen	yataklıvagon jataklə́ wagón
Schließfächer	kilitli dolaplar kilitlí dolaplár
Speisewagen	yemekli vagon jemeklí wagón
umsteigen	aktarma yapmak aktarmá japmák
Waggon	vagon wagón
Zuschlag	ek ödeme ek ödemé

Fernbus

Wie komme ich zum Busbahnhof?	Otogara nasıl giderim? otogará náßəl gidérim?
Wann fährt der nächste Bus nach ...?	... -e ilk otobüs ne zaman hareket ediyor? ... -e ilk otobűß né-saman harekét edíjor?
Bitte zwei Karten nach ...	Lütfen, ... -e iki bilet. lűtfen, ... -e ikí bilét.
Ist dies der Bus nach ...?	... -e giden otobüs bu mu? ... -e gidén otobűß bú-mu?
Wie lange haben wir Aufenthalt?	Burada ne kadar mola vereceksiniz? búrada né-kadar móla weredschékßinis?
Wie lange dauert die Fahrt?	Yol kaç saat çekiyor? jol katsch ßa:t tschekíjor?
Ist ... die Endhaltestelle?	... son durak mı? ... ßon durák-mə?
Sagen Sie mir bitte, wo ich aussteigen muss?	Nerede inmem gerekir, lütfen bana söyler misiniz? nérede inmém gerekír, lűtfen bána ßöjlér-mißinis?

Schiff & Fähre

Wann geht das nächste Schiff nach ...?	**... -e ilk vapur ne zaman kalkıyor?** ... -e ilk wapúr né-saman kalkəjor?
Wann geht die nächste Fähre nach ...?	**... -e ilk feribot ne zaman kalkıyor?** ... -e ilk féribot né-saman kalkəjor?
Wie lange dauert die Überfahrt nach ...?	**... -e geçiş ne kadar sürüyor?** ... -e getschísch né-kadar ßürüjór?
Wann legen wir in ... an?	**... -e ne zaman yanaşıyor?** ... -e né-saman janaschəjor?
Bitte eine Schiffskarte nach ...	**... -esınıf bir bilet istiyorum.** ... -eßənəf bir bilét ißtíjorum.
Ich möchte ►	► **istiyorum.** ► ißtíjorum.
► eine Einzelkabine.	► **Tek kişilik bir kamara** tek kischilík bir kámara
► eine Zweibettkabine.	► **İki kişilik bir kamara** ikí kischilík bir kámara
► eine Außenkabine.	► **Dış taraftan bir kamara** dəsch taraftán bir kámara
► eine Innenkabine.	► **İç taraftan bir kamara** itsch taraftán bir kámara

Wann müssen wir an Bord sein?	Ne zaman gemide olmamız gerekiyor? né-saman gemidé olmamə́s gerekíjor?
Eine Karte für die Rundfahrt um ... Uhr bitte.	Saat ... -deki tur için bir bilet istiyorum. ßa:t ... -dekí tur itschín bir bilét ißtíjorum.
An welcher Anlegestelle liegt die ...?	... hangi iskelede? ... hángi ißkeledé?
Haben Sie ein Mittel gegen Seekrankheit?	Deniz tutmasına karşı bir ilacınız var mı? denis tutmaßəná karschə́ bir iladschənə́s wár-mə?

Weitere Wörter

Anlegestelle	iskele ißkelé
Autofähre	araba vapuru arabá wapurú
Deck	güverte güwerté
Kapitän	kaptan kaptán
Kreuzfahrt	mavi yolculuk ma:wí joldschulúk
Küste	sahil ßá:chil
Liegestuhl	şezlong scheslóng
Luftkissenboot	şişme bot schischmé bot

Rettungsboot	cankurtaran sandalı dschánkurtaran ßandalə
Rettungsring	cankurtaran simidi dschánkurtaran ßimidí
Rundfahrt	tur tur
Schiff	gemi gemí
Schiffsagentur	denizcilik işletmesi denisdschilík ischletmeßí
Schiffsarzt	gemi doktoru gemí doktorú
Schwimmweste	can yeleği dschan jele:í
Seegang	dalgalı deniz dalgalə denís
seekrank	deniz tutması denís tutmaßə
Speisesaal	restaurant reßtorán
Steward	kamarot kamarót
Überfahrt	karşıya geçiş karschəjá getschísch

Nahverkehr

Wo ist ▸	▸ nerede? ▸ nérede?
▸ die nächste U-Bahn-Station?	▸ En yakın metro istasyonu en jakən metró ißtaßjonú
▸ die nächste Bushaltestelle?	▸ En yakın otobüs durağı en jakən otobűß dura:ə
▸ die nächste Straßenbahn-haltestelle?	▸ En yakın tramvay durağı en jakən tramwáj dura:ə

Wo halten die Busse nach ...?	**... otobüsleri nereden kalkıyor?** ... otobűßleri néreden kalkəjor?
Wo halten die Sammeltaxis nach ...?	**... dolmuşları nereden kalkıyor?** ... dólmuschlarə néreden kalkəjor?
Welcher Bus fährt nach ...?	**... -e hangi otobüs gidiyor?** ... -e hángi otobűß gidíjor?
Welche U-Bahn fährt nach ...?	**... -e hangi metro gidiyor?** ... -e hángi metró gidíjor?

Das könnten Sie hören:

... numaralı otobüs.
... númaralə otobűß.
Der Bus Nummer ...

... numaralı metro hattı.
... númaralə metró hat:ə.
Die U-Bahn-Linie Nummer ...

Wann fährt der nächste Bus nach ...?	**... -e ilk otobüs ne zaman kalkıyor?** ... -e ilk otobűß né-saman kalkəjor?
Wann fährt die nächste Straßenbahn nach ...?	**... -e ilk tramvay ne zaman kalkıyor?** ... -e ilk tramwáj né-saman kalkəjor?

Wann fährt der letzte Bus?	**Son otobüs ne zaman kalkıyor?** ßon otobűß né-saman kalkəjor?
Fährt dieser Bus nach ...?	**Bu otobüs ... -den geçiyor mu?** bu otobűß ... -den getschijór-mu?
Gibt es Niederflur-busse?	**Alçak tabanlı otobüsler var mı?** altschák tabanlə otobüßlér wár-mə?
Muss ich nach ... umsteigen?	**... için aktarma yapmam gerekir mi?** ... itschín aktarmá japmám gerekír-mi?
Könnten Sie mir bitte beim ► helfen? ► Einsteigen ► Aussteigen	**Lütfen ► yardım eder misiniz?** lűtfen ► jardəm edér-mißinis? ► **binmeme** binmemé ► **inmeme** inmemé
Sagen Sie mir bitte, wo ich ► muss? ► aussteigen ► umsteigen	**Lütfen söyler misiniz, nerede ► gerekir?** lűtfen ßöjlér-mißinis, nérede ► gerekír? ► **inmem** inmém ► **aktarma yapmam** aktarmá japmám
Wo gibt es die Fahrscheine?	**Nereden bilet alabilirim?** néreden bilét alabilírim?

Bitte einen Fahrschein nach ...	... -e bir bilet lütfen. ... -e bir bilét lǘtfen.
Gibt es ▸	▸ var mı? ▸ wár-mə?
▸ Tageskarten?	▸ Günlük bilet günlǘk bilét
▸ Mehrfahrten-karten?	▸ Çok binişli bilet tschok binischlí bilét
▸ Wochenkarten?	▸ Haftalık bilet haftalək bilét
Bis zu welchem Alter fahren Kinder umsonst?	Kaç yaşına kadar çocuklar parasız biniyor? katsch jaschəná kadár tschodschuklár paraßəs biníjor?

Weitere Wörter

Abfahrt	kalkış kalkəsch
aussteigen	inmek inmék
Endstation	son durak ßon durák
entwerten	iptal etmek iptál etmék
Entwerter	bilet iptal makinesi bilét iptál makinesí
Fahrer(in)	şoför schofǿr
Fahrkarte	bilet bilét
Fahrkartenautomat	otomatik satış makinesi otomatík satəsch makineßí
Fahrplan	hareket saatleri harekét ßaːtlerí

Fahrpreis	**bilet ücreti** bilét üdschretí
Fahrstuhl	**asansör** aßanßőr
halten	**durmak** durmák
Haltestelle	**durak** durák
Richtung	**istikamet** ißtiká:met
Rolltreppe	**yürüyen merdiven** jürüjén merdiwén
Schaffner(in)	**kondüktör** kondüktőr
Stadtzentrum	**şehir merkezi** schechír merkesí
stufenlos	**basamaksız** baßamakßəs
Taxistand	**taksi durağı** tákßi dura:ə́
umsteigen	**aktarma yapmak** aktarmá japmák

Taxi

Wo bekomme ich ein Taxi?

Nerede bir taksi bulabilirim?
nérede bir tákßi bulabilírim?

Bitte bestellen Sie mir für (morgen um) ... Uhr ein Taxi.

Bana (yarın sabah) saat ... için bir taksi çağırır mısınız?
bána (járən ßabách) ßa:t ... itschín bir tákßi tscha:ərə́r-məßənəs?

Sind Sie frei?

Boş musunuz? bósch-mußunus?

Bitte ►	Lütfen ► lűtfen ►
► zum Bahnhof!	► tren istasyonuna! tren ißtaßjonuná!
► zum Flughafen!	► havaalanına! hawa:lanəná!
► zum Hotel ...!	► ... oteline! ... oteliné!
► in die Innenstadt!	► şehir merkezine! schechír merkesiné!
► in die ... Straße!	► ... caddesine! ... dschad:eßiné!
Wie viel kostet es nach ...?	... -e ne kadar? ... -e né-kadar?
Man hat mir (im Hotel) gesagt, dass es nur ... kostet.	Bana (otelde) sadece ... tutar dediler. bána (oteldé) ßá:dedsche ... tutár dedilér.
Bitte schalten Sie den Taxameter ein.	Lütfen taksimetreyi açın. lűtfen takßimetrejí atschən.
Warten Sie hier bitte (einen Augenblick)!	Burada (bir saniye) bekleyin lütfen! búrada (bir ßá:nije) beklejín lűtfen!
Halten Sie hier bitte (einen Augenblick)!	Burada (bir saniye) durun lütfen! búrada (bir ßá:nije) durún lűtfen!
Das Wechselgeld ist für Sie!	Üstü kalsın! űßtű kalßən!

Übernachten

Zimmersuche

Wissen Sie, wo ich hier ein Zimmer finden kann?	**Burada nerede bir otel bulabilirim?** búrada nérede bir otél bulabilírim?
Können Sie mir ▸ empfehlen?	**Bana ▸ tavsiye edebilir misiniz?** bána ▸ tawßijé edebilír-mißinis?
▸ ein gutes Hotel	▸ **iyi bir otel** ijí bir otél
▸ ein preiswertes Hotel	▸ **uygun fiyatlı bir otel** ujgún fijatlə bir otél
▸ eine Pension	▸ **bir pansiyon** bir panßijón
▸ eine Privat-unterkunft	▸ **özel bir konut** ösél bir konút
Wie viel kostet es (ungefähr)?	**(Aşağı yukarı) Kaç liradır?** (aschá:ə jukarə́) katsch líradər?
Können Sie für mich dort reservieren?	**Benim için rezervasyon yapabilir misiniz?** bením itschín reserwaßjón japabilír-mißinis?
Gibt es hier ▸	**Bir ▸ var mı burada?** bir ▸ wár-mə búrada?
▸ eine Jugend-herberge?	▸ **gençlik hosteli** gentschlík hoßtelí
▸ einen Camping-platz?	▸ **kamping** kámping

Ist es weit von hier?	**Uzak mı buradan?** usák-mə búradan?
Wie komme ich dorthin?	**Oraya nasıl giderim?** orajá náßəl giderím?

Hotel

Ankunft

Ich habe ein Zimmer reserviert auf den Namen ...	**Benim için bir oda ayrıldı. İsmim ...** bením itschín bir odá ajrəldə́. ißmím ...
Haben Sie ein Doppelzimmer frei ►	► **iki kişilik boş odanız var mı?** ► ikí kischilík bosch odanə́s wár-mə?
► für eine Nacht?	► **Bir gecelik** bir gedschelík
► für ... Nächte?	► ... **gecelik** ... gedschelík
► mit Bad?	► **Banyolu** bánjolu
► mit Dusche?	► **Duşlu** duschlú
► mit Balkon?	► **Balkonlu** balkonlú
► mit Klimaanlage?	► **Klimalı** klímalə
► mit Ventilator?	► **Vantilatörlü** wantilatörlǘ
► mit Blick aufs Meer?	► **Deniz gören** denís görén
► nach hinten hinaus?	► **Arkaya bakan** arkajá bakán

Haben Sie ein Einzelzimmer frei?	**Bir kişilik boş odanız var mı?** bir kischilík bosch odanə́s wár-mə?

Das könnten Sie hören:
Maalesef şu an doluyuz.
má:leßef schu an dolújus.
Wir sind leider ausgebucht.

Wie viel kostet es?	**Fiyatı ne kadar?** Fjatə́ ne-kadár?
Wie viel kostet es ►	► **ne kadar?** ► né-kadar?
► mit Frühstück?	► **Kahvaltı dahil** kachwaltə́ da:chíl
► ohne Frühstück?	► **Kahvaltı hariç** kachwaltə́ ha:rítsch
► mit Halbpension?	► **Yarım pansiyon** jarə́m panßijón
► mit Vollpension?	► **Tam pansiyon** tám panßijón
Gibt es für ... Nächte eine Ermäßigung?	**... gece kalana indirim yapıyor musunuz?** ... gedsché kalaná indirím japəjór-mußunus?
Gibt es WLAN auf den Zimmern?	**Odalarda kablosuz internet var mı?** odalardá kabloßús internét wár-mə?

Brauche ich ein Passwort?	**Şifre gerekiyor mu?** schifré gerekíjor-mu?
Kann ich mir das Zimmer ansehen?	**Odayı görebilir miyim?** odajə görebilír-mijim?
Haben Sie noch ein anderes Zimmer?	**Başka bir odanız var mı?** baschká bir odanəs wár-mə?
Es ist sehr schön. Ich nehme es.	**Burası çok güzel. Bu oda olsun.** búraßə tschok güsél. bu odá olßún.
Könnten Sie ein zusätzliches Bett aufstellen?	**Bir ilave yatak koyabilir misiniz?** bir ila:wé jaták kojabilír-mißinis?
Könnten Sie ein Kinderbett aufstellen?	**Bir çocuk yatağı koyabilecek misiniz?** bir tschodschúk jata:ə kojabiledschék-mißinis?
Können Sie mein Gepäck aufs Zimmer bringen?	**Bagajımı odaya çıkarır mısınız?** bagaschəmə odajá tschəkarər-məßənəs?
Wo ist das Bad?	**Banyo nerede?** bánjo nérede?
Wo kann ich meinen Wagen abstellen?	**Arabamı nereye park edebilirim?** arabamə néreje park edebilírim?

Gibt es einen Parkplatz mit E-Ladestation?	**E-şarj istasyonu olan bir otopark var mı?** é-scharsch ißtaßjónu olán bir otopárk wár-mə
Wann gibt es Frühstück?	**Kahvaltı ne zaman?** kachwaltə́ né-saman?
Wo ist der Speisesaal?	**Restoran nerede?** reßtorán nérede?
Wo ist der Frühstücksraum?	**Kahvaltı salonu nerede?** káchwaltə́ ßalonú nérede?
Gibt es eine Kinderbetreuung?	**Çocuk bakımı var mı?** tschodschúk bakəmə́ wár-mə?
Haben Sie ein Hotelkärtchen für mich?	**Benim için bir otel kartınız var mı?** bením itschín bir otél kartənə's wár-mə?

Service

Bitte den Schlüssel für Zimmer ...	**... numaralı oda anahtarını rica ediyorum.** ... numaralə́ odá anachtarənə́ ridschá: edíjorum.
Kann ich Ihnen meine Wertsachen zur Aufbewahrung geben?	**Kıymetli eşyalarımı emanete verebilir miyim?** kəjmetlí eschja:larəmə́ ema:neté werebilír-mijim?

Ich möchte meine Wertsachen abholen.	**Emanetteki kıymetli eşyalarımı almak istiyorum.** emanet:ekí kəjmetlí eschja:larəmə́ almák ißtíjorum.
Kann ich bitte noch ► haben?	► **daha alabilir miyim?** ► dachá alabilír-mijim?
► eine Decke	► **Bir battaniye** bir bat:ánije
► ein Handtuch	► **Bir havlu** bir hawlú
► ein paar Kleiderbügel	► **Birkaç elbise askısı** birkátsch elbißé aßkəßə́
► ein Kopfkissen	► **Bir yastık** bir jaßtə́k
Meine Tür lässt sich nicht abschließen.	**Odamın kapısı kilitlenmiyor.** odamə́n kapəßə́ kilitlénmijor.
Das Fenster geht nicht auf.	**Pencere açılmıyor.** péndschere atschə́lməjor.
Das Fenster geht nicht zu.	**Pencere kapanmıyor.** péndschere kapánməjor.
Es kommt kein (warmes) Wasser.	**(Sıcak) Su akmıyor.** (ßədschák) ßu ákməjor.
Der Wasserhahn tropft.	**Musluktan su damlıyor.** mußluktán ßu damlə́jor.
Der Abfluss ist verstopft.	**Pis su borusu tıkanmış.** píß:u borußú təkanmə́sch.

Die Toilette ist verstopft.	**Tuvalet tıkanmış.** tuwalét təkanmə́sch.
... ist schmutzig.	**... kirli.** ... kirlí.
... funktioniert nicht.	**... çalışmıyor.** ... tschaláschmə́jor.
Ich habe mich aus meinem Zimmer ausgesperrt.	**Anahtar içerde kaldı, odama giremiyorum.** anachtár itscherdé kaldə́, odamá girémijorum.

Abreise

Wecken Sie mich bitte (morgen) um ... Uhr.	**Beni (sabah) saat ... -de uyandırır mısınız?** béni (ßabách) ßa:t ... -de ujandərə́r-məßənəs?
Wir reisen morgen ab.	**Yarın ayrılıyoruz.** járən ajrələ́jorus.
Machen Sie bitte die Rechnung fertig.	**Lütfen hesabı hazırlar mısınız?** lǘtfen heßabə́ hasərlár-məßənəs?
Kann ich mit ► zahlen?	► **ödeyebilir miyim?** ► ödejebilír-mijim?
► EC-Karte	► **EC kartıyla** e-ße kartəjlá
► Kreditkarte	► **Kredi kartıyla** kredí kartəjlá

Es war sehr schön hier.	Burayı çok beğendik. búrajə tschok beːendík.
Bis wann muss man auschecken?	Saat kaça kadar çıkış yapmalıyım? ßaːt katschá kadár tschəkə́sch japmalə́jəm?
Kann ich später auschecken?	Daha sonra çıkış yapabilir miyim? dachá ßónra tschəkə́sch japabilír-mijim?
Kann ich mein Gepäck noch bis ... Uhr hierlassen?	Bagajımı saat ... -e kadar burada bırakabilir miyim? bagaschəmə́ ßaːt ... -e kadár búrada bərakabilír-mijim?
Rufen Sie bitte ein Taxi.	Bir taksi çağırır mısınız? bir tákßi tschaːərə́r-məßənəs?

Ferienwohnung

Wir haben die Wohnung ... gemietet.	Biz ... daireyi kiraladık. bis ... daːireјí kiraːladə́k.
Wo bekommen wir die Schlüssel ?	Anahtarları nereden alıyoruz? anachtarlarə́ néreden aləjorús?
Wo können wir das Auto abstellen?	Arabayı nereye park edebiliriz? arabajə́ néreje park edebilíris?

Wo ist der Sicherungskasten?	**Sigortalar nerede?** ßigortalár nérede?
Wir brauchen noch ►	**İlave ► alabilir miyiz?** ila:wé ► alabilír-mijis?
► Bettwäsche.	► **yatak takımı** jaták takəmə́
► Geschirrtücher.	► **mutfak havlusu** mutfák hawlußú
Erklären Sie uns bitte, wie ► funktioniert?	► **nasıl çalışıyor, lütfen açıklar mısınız?** ► náßəl tschaləschə́jor, lǘtfen atschəklár-məßənəs?
► die Spülmaschine	► **Bulaşık makinesi** bulaschə́k makineßí
► der Herd	► **Ocak** odschák
► die Waschmaschine	► **Çamaşır makinesi** tschamaschə́r makineßí
Wohin kommt der Müll?	**Çöpü nereye atıyoruz?** tschö́pü néreje atəjorús?
Wo ist ►	► **nerede?** ► nérede?
► die nächste Bushaltestelle?	► **En yakın otobüs durağı** en jakə́n otobǘß dura:ə́
► eine Bäckerei?	► **Bir fırın** bir fərə́n
Wo ist hier ein Lebensmittelgeschäft?	**Market nerede var?** markét nérede war?

Camping

Dürfen wir auf Ihrem Grundstück zelten?	**Arsanıza çadır kurabilir miyiz?** arßanəsá tschadər kurabilír mijis?
Haben Sie noch Platz für ...?	**... için yeriniz var mı?** ... itschín jerinís wár-mə?
Wie hoch ist die Gebühr für ►	► **için ne kadar alıyorsunuz?** ► itschín né-kadar aləjorßunús?
► zwei Erwachsene und ... Kinder?	► **İki büyük ve ... çocuk** ikí büjük we ... tschodschúk
► einen Pkw mit Wohnwagen?	► **Araba ve karavan** arabá we karawán
► ein Wohnmobil?	► **Otokaravan** otokarawán
► ein Zelt?	► **Çadır** tschadər
Vermieten Sie auch ►	► **da kiraya veriyor musunuz?** ► da kirajá werijor-mußunus?
► Bungalows?	► **Bungalov** búngalow
► Wohnwagen?	► **Karavan** karawán
Wir möchten einen Tag bleiben.	**Bir gün kalmak istiyoruz.** bir gün kalmák ißtíjorus.
Wir möchten ... Tage bleiben.	**... gün kalmak istiyoruz.** ... gün kalmák ißtíjorus.

Wo können wir unser Zelt aufstellen?	Çadırımız nereye kurabilir miyiz? tschadərəməs néreje kurabilír mijís?
Wo können wir unseren Wohnwagen aufstellen?	Karavanımız nereye kurabilir miyiz? karawanəməs néreje kurabilír mijís?
Wo sind die Waschräume?	Lavabolar nerede? lawabolár nérede?
Wo sind die Toiletten?	Tuvaletler nerede? tuwaletlér nérede?
Wo kann ich das Chemieklo entsorgen?	Seyyar tuvaleti nereye boşaltabilirim? ßej:ár tuwaletí néreje boschaltabilírim?
Kann ich hier Gasflaschen ▸ ▸ kaufen? ▸ umtauschen?	Burada tüp ▸ miyim? búrada tüp ▸ -mijim? ▸ satın alabilir ßatən alabilír ▸ değiştirebilir de:ischtirebilír
Gibt es hier Stromanschluss?	Elektrik bağlantısı var mı burada? elektrík ba:lantəßə wár-mə búrada?

Weitere Wörter

Abfluss	pis su borusu píß:u borußú
abreisen	hareket etmek harekét etmék
Adapter	adaptör adaptőr
Anmeldung	kayıt kajət
Anzahlung	kaparo kapáro
Appartement	daire da:iré
Aschenbecher	kül tablası kül táblaßə
Aufzug	asansör aßanßőr
Badewanne	küvet küwét
Beanstandung	şikayet schika:jét
Besen	süpürge ßüpűrge
Bett	yatak jaták
Bettdecke	yorgan jorgán
Bettlaken	çarşaf tscharscháf
Bettwäsche	yatak takımı jaták takəmə́
bügeln	ütülemek ütülemék
Bungalow	bungalov búngalow
Camping	kamping kámping
Campingplatz	kamping yeri kámping jerí
Decke	battaniye bat:ánije
Doppelbett	iki kişilik yatak ikí kischilík jaták
Dusche	duş dusch
Einzelbett	tek kişilik yatak tek kischilík jaták
Empfang	resepsiyon reßepßijón

Endreinigung	son temizlik ßon temislík
Etage	kat kat
Etagenbetten	ranzalar ransalár
Fenster	pencere péndschere
Ferienhaus	yazlık ev jasl**ə**k ew
Ferienwohnung	yazlık daire jasl**ə**k da:iré
Fernseher	televizyon telewisjón
Foyer	fuaye fuajé
Frühstücksbüfett	kahvaltı büfesi kachwalt**ə** büfeßí
Frühstücksraum	kahvaltı salonu kachwalt**ə** ßalonú
Gaskartusche	gaz kartuşu gas kartuschú
Gaskocher	gaz ocağı gas odscha:ə
Geschirr	kapkacak kapkadschák
Geschirrtuch	bulaşık kurulama bezi bulasch**ə**k kurulamá besí
Glas	bardak bardák
Glühbirne	ampul ampúl
Hammer	çekiç tschekítsch
Handtuch	havlu hawlú
Hauptsaison	yüksek sezon jükßék ßesón
Heizung	kalorifer kalorifér
Herd	ocak odschák
Hering	çadır kazığı tschad**ə**r kas**ə**:ə
Hotel	otel otél
Hotelkärtchen	otel kartı otél kart**ə**

Internetanschluss	İnternet bağlantısı internét ba:lantəßə́
Isomatte	izomat isomát
Jugendherberge	hostel hoßtél
Kaffeemaschine	kahve makinesi kachwé makineßí
Kamin	şömine schöminé
Kaminholz	şömine odunu schöminé odunú
kaputt	arızalı a:rəsalə́
Kaution	depozit deposít
Kinderbett	çocuk yatağı tschodschúk jata:ə́
Kleiderbügel	elbise askısı elbisé askəsə́
Kocher	gaz ocağı gas odscha:ə́
Kopfkissen	yüz yastığı jüß jaßtə́:
Kühlschrank	buzdolabı busdolabə́
Lampe	lamba lámba
Leihgebühr	kira bedeli kirá: bedelí
Licht	ışık əschə́k
Luftmatratze	şişme yatak schischmé jaták
Matratze	yatak jaták
Miete	kira kirá:
mieten	kiralamak kira:lamák
Minibar	minibar minibár
Moskitonetz	cibinlik dschibinlík
Nachsaison	sezon sonrası ßesón ßónraßə

Netzspannung	voltaj woltásch
Notausgang	tehlike çıkışı techliké tschəkəschə
Rechnung	fatura fatúra
reservieren	rezervasyon yapmak reserwaßjón japmák
reserviert	rezerve resérwe
Rezeption	resepsiyon reßepßijón
Safe	kasa káßa
Schlafsaal	yatakhane jatakchané
Schlafsack	uyku tulumu ujkú tulumú
Schlüssel	anahtar anachtár
schmutzig	kirli kirlí
Schrank	dolap doláp
Sessel	koltuk koltúk
Sicherung	sigorta ßigórta
Spiegel	ayna ajná
Spülung	sifon ßifón
Steckdose	priz pris
Stecker	fiş fisch
Strom	elektrik elektrík
Stuhl	sandalye ßandálje
Swimmingpool	yüzme havuzu jüsmé hawusú
Telefon	telefon telefón
Terrasse	teras teráß
Tisch	masa máßa

Toilette	tuvalet tuwalét
Toilettenpapier	tuvalet kağıdı tuwalét ka:ədə
Trinkwasser	içme suyu itschmé ßujú
Ventilator	vantilatör wantilatő́r
Verlängerungskabel	uzatma kablosu usatmá kabloßú
Verlängerungs-woche	ilave hafta ila:wé haftá
Voranmeldung	önkayıt önkajət
Vorsaison	önsezon önßesón
Waschbecken	lavabo lawábo
waschen	yıkamak jəkamák
Wäschetrockner	çamaşır kurutma makinesi tschamaschə́r kurutmá makineßí
Waschmaschine	çamaşır makinesi tschamaschə́r makineßí
Waschraum	lavabo lawábo
Wasser	su ßu
Wasserhahn	musluk mußlúk
Wohnmobil	otokaravan otokarawán
Wohnwagen	karavan karawán
Zelt	çadır tschadə́r
zelten	çadır kurmak tschadə́r kurmák
Zimmer	oda odá

Essen & Trinken

Kahvaltı

Frühstück

ay çöreği aj tschöre:í	Croissant
bal bal	Honig
çay tschaj	schwarzer Tee
domates domáteß	Tomaten
ekmek ekmék	Brot
hazırlop yumurta hasərlóp jumurtá	hart gekochtes Ei
hıyar həjár	Gurke
jambon schambón	Schinken
kahve kachwé	Kaffee
kızarmış ekmek dilimi kəsarməsch ekmék dilimí	Toast
müsli müßlí	Müsli
peynir pejnír	Käse
rafadan yumurta rafadán jumurtá	weich gekochtes Ei
reçel retschél	Marmelade
sahanda yumurta ßachandá jumurtá	Spiegelei
sandviç ekmeği ßándwitsch ekme:í	Brötchen
sucuk ßudschúk	Wurst
süt ßüt	Milch
tereyağı téreja:ə	Butter

Türk kahvesi türk kachweßí	türkischer Kaffee
yoğurt jo:úrt	Joghurt
yumurta jumurtá	Ei
zeytin sejtín	Oliven

Mezeler

Vorspeisen

acılı ezme adschələ́ esmé	scharfe Tomaten- und Zwiebelpaste
Arnavut ciğeri arnawút dschi:erí	Leber auf albanische Art
barbunya pilaki barbúnja pila:kí	Bohnen in Olivenöl oder Tomatensoße
beyaz peynir bejás-pejnír	Schafskäse
beyin salatası bejín ßalataßə́	Hirnsalat
cacık dschadschə́k	Joghurtkaltschale *(Joghurt, Gurken, Knoblauch und Dill)*
ciğer tava dschi:ér tawá	Leber in der Pfanne
çerkes tavuğu tscherkéß tawu:ú	Tscherkessisches Huhn *(kaltes Hühnerfleisch mit Walnusssauce)*

çiğ köfte tschi: köfté	scharf gewürzte Frikadellen aus Weizengrütze und rohem Hackfleisch
fasulye piyazı faßúlje pijasə	Weiße-Bohnen-Salat
fava fáwa	Saubohnenpaste
haydari hajdári	zerdrückter Schafskäse mit Petersilie und Gewürzen
humus húmuß	Kichererbsenpüree
kalamar kalamár	frittierter Tintenfisch
karides güveç karidéß güwétsch	Garnelen im Tontöpfchen
mantar güveç mántar güwétsch	überbackene Champignons
midye tava mídje tawá	Muscheln in Bierteig
mücver müdschwér	Zucchinipuffer
paçanga böreği patschánga böre:í	Schinken-Käse-Börek
patates salatası patáteß ßalataßə	Kartoffelsalat
patlıcan kızartma patlədschán kəsartmá	gebratene Auberginen
patlıcan salatası patlədschán ßalataßə	Auberginensalat

Rus salatası ruß ßalataßə	russischer Salat
semizotu ßémisotu	Gartenportulak
sigara böreği ßigára böre:í	gefüllte und frittierte Teigröllchen
tarama tárama	Kaviarpaste
tarator taratór	Walnussdip
tulum peyniri tulúm pejnirí	weißer Käse, im Ledersack gereift
turşu turschú	in Essig eingelegtes Gemüse
zeytinyağlı biber dolması sejtínja:lə bibér dolmaßə	gefüllte Paprika in Olivenöl
zeytinyağlı domates dolması sejtínja:lə domatéß dolmaßə	gefüllte Tomaten in Olivenöl
zeytinyağlı enginar sejtínja:lə énginar	Artischockenböden in Olivenöl
zeytinyağlı fasulye sejtínja:lə faßúlje	weiße Bohnen in Olivenöl
zeytinyağlı kereviz sejtínja:lə kerewís	Sellerie in Olivenöl
zeytinyağlı taze fasulye sejtínja:lə tá:se faßúlje	grüne Bohnen in Olivenöl
zeytinyağlı yaprak dolması sejtínja:lə japrák dolmaßə	gefüllte Weinblätter in Olivenöl

Çorbalar

Suppen

balık çorbası balək tschórbaßə	Fischsuppe
düğün çorbası dü:ün tschorbaßə́	Hochzeitssuppe
ezogelin çorbası esogelín tschorbaßə́	Suppe der Braut Ezo *(Linsen-Pfefferminzsuppe)*
işkembe çorbası ischkémbe tschorbaßə́	Kuttelsuppe
mercimek çorbası merdschimék tschorbaßə́	rote Linsensuppe
paça patschá	Suppe aus Hammelhaxen
şehriye çorbası schechrijé tschorbaßə́	Nudelsuppe
sebze çorbası ßébse tschórbaßə	Gemüsesuppe
tarhana çorbası tarchaná tschorbaßə́	Tarhanasuppe *(Suppeneinlage aus getrockneter Mehl-, Joghurt-, Hefe-, Tomaten-, Paprikamasse)*
tavuk çorbası tawúk tschorbaßə́	Hühnersuppe

Salatalar

Salate

çoban salatası tschobán ßalataßə	Hirtensalat *(gemischter Salat mit Tomaten, Gurken und Zwiebeln)*
deniz börülcesi denís börüldschеßí	Meeresspargel-Salat
domates salatası domatéß ßalataßə	Tomatensalat
marul salatası marúl ßalataßə	Kopfsalat
mevsim salatası mewßím ßalataßə	gemischter Salat der Saison
roka róka	Rucola
yeşil salata jeschíl ßalatá	grüner Salat

Et yemekleri

Fleischgerichte

Adana kebap ádana kébap	Hackfleischspieß
beyti kebap béjti kébap	gedünstete Fleischstücke mit Auberginen
bıldırcın bəldərdschən	Wachteln

bonfile bónfile	Filet
çökertme kebabı tschökertmé kébabə	Filetstreifen mit Pommes und Joghurtsoße
çöp kebap tschöp kébap	Fleischstücke am Holzspieß
döner kebap dönér kébap	geschnetzeltes Fleisch vom Grillspieß
güveç güwétsch	Gemüse und Fleisch aus dem Tontopf
haşlama haschlamá	gekochtes Lammfleisch
ızgara köfte əsgára köfté	gegrillte Hackfleisch-bällchen
İnegöl köftesi ínegöl köfteßí	gegrillte Hackfleisch-bällchen
iç pilav itsch piláw	Reis mit Leberstückchen, Korinthen und Pinien-kernen
İzmir köftesi ísmir köfteßí	Hackfleischröllchen nach Izmirart
kaşarlı köfte kaschárlə köfté	Frikadellen mit Käse
kadınbudu köfte kadənbudú köfté	panierte, gebratene Frikadellen
kızartma kəsartmá	Braten
piliç pilítsch	Hähnchen
pirzola pirsóla	gegrillte Lamm-koteletts

salçalı köfte ßaltschalə köfté	Frikadellen mit Tomaten
sebzeli kebap ßebselí kébap	Fleischspieß mit Gemüse
sebzeli tavuk güveci ßebselí tawúk güwedschí	Hähnchen mit Gemüse im Tontopf
şiş kebap schisch kébap	Fleischspieß
tandır kebap tándər kébap	Hammelbraten
tas kebap taß kébap	Fleischragout
tavuk döner tawúk dönér	Drehspieß mit Hühnerfleisch
tavuk şiş tawúk schisch	Hähnchenspieß
terbiyeli köfte terbijelí köfté	Fleischbällchen in Zitronensoße
yoğurtlu Adana kebap jo:urtlú ádana kébap	Hackfleischspieß auf Fladenbrot mit Joghurt

Baliklar

Fisch

barbun barbún	Rotbarbe
çinakop tschinakóp	kleiner Blaubarsch
çipura tschipúra	Goldbrasse
dil balığı dil balə:á	Seezunge
gelincik gelindschík	Lengfisch

gümüş balığı gümǘsch balə:ə́	Stint
hamsi hámßi	Sardellen
istakoz ißtakós	Hummer
istavrit ißtawrít	Bastardmakrele
kalkan kalkán	Steinbutt
karagöz káragös	Brasse
kefal kefál	Meeräsche
kılıç balığı kələ́tschbalə:ə	Schwertfisch
kırlangıç balığı kərlangə́tschbalə:ə	roter Knurrhahn
kolyoz koljós	Mittelmeermakrele
levrek lewrék	Seebarsch
lüfer lüfér	Blaubarsch
mercan mérdschan	Meerbrasse
mezgit mesgít	Merlan
palamut palamút	Bonito
pisibalığı pißíbalə:ə	Zwergbutt
sardalya ßardálja	Sardinen
somon balığı ßomón balə:ə́	Lachs
tekir tekír	Streifenbarbe
ton balığı ton balə:ə́	Thunfisch
torik torík	Thunfisch
uskumru ußkumrú	Makrele

Pideler, yumurta yemekleri, makarnalar

Fladen, Eiergerichte, Nudeln

beyaz peynirli omlet bejás pejnirlí omlét	Omelett mit Schafskäse
çılbır tschəlbə́r	pochierte Eier mit Joghurt
fırında makarna fərəndá makárna	Makkaroniauflauf
gözleme göslemé	Pfannkuchen
kaşarlı börek kascharlə́ börék	Börek mit Käse
karışık pide karəschə́k píde	gemischte Pide *(mit Käse, Hartwurst und Dörrfleisch)*
kıymalı börek kəjmalə́ börék	Börek mit Hackfleisch
lahmacun lachma:dschun	Türkische Pizza *(belegt mit Hackfleisch, Paprika, Zwiebeln)*
mantı mántə	Nudeltäschchen mit Hackfleischfüllung und Joghurt
menemen ménemen	Rührei mit Gemüse
pastırmalı börek paßtərmalə́ börék	Börek mit Dörrfleisch
pastırmalı pide paßtərmalə́ píde	Fladenbrot mit Dörrfleisch
peynirli pide pejnirlí píde	Fladenbrot, mit Käse überbacken

puf böreği	puf böre:í	Halbmondgebäck mit Käsefüllung
su böreği	ßu böre:í	Nudelblätter mit Käsefüllung
sucuklu pide	ßudschuklú píde	Fladenbrot mit Hartwurst
sucuklu yumurta	ßudschuklú jumurtá	Eier mit Hartwurst
yoğurtlu makarna	jo:urtlú makárna	Nudeln mit Joghurtsoße

Sebzeler

Gemüse

bamya	bámja	Okraschoten
bezelye	besélje	Erbsen
biber dolması	bibér dolmaßə́	gefüllte Paprika
domates dolması	domatéß dolmaßə́	gefüllte Tomaten
ıspanak	əßpanák	Spinat
imam bayıldı	imám bajəldə́	„Der Imam war entzückt" *(Auberginengericht)*
kabak dolması	kabák dolmaßə́	gefüllte Zucchini
karnıyarık	kárnəjarək	gefüllte Auberginen

kuru fasulye kurú faßúlje	weiße Bohnen
musakka mußák:a	Auberginen mit Hackfleisch
nohut nochút	Kichererbsen
pırasa pəráßa	Lauch
taze fasulye tá:se faßúlje	grüne Bohnen
türlü türlǘ	Gemüseeintopf
yoğurtlu ıspanak jó:urtlu əßpanák	Spinat mit Joghurt

Meyveler

Obst

armut armút	Birne
çilek tschilék	Erdbeeren
elma élma	Apfel
erik erík	Pflaume
incir indschír	Feige
karpuz karpús	Wassermelone
kavun kawún	Honigmelone
kayısı kajəßə́	Aprikose
kiraz kirás	Süßkirsche
mandalina mandalína	Mandarine
muz mus	Banane
portakal portakál	Orange
üzüm üsǘm	Trauben

Tatlılar ve hamur işleri

Süßspeisen und Gebäck

aşure aschúre	süßes Allerlei *(Weizenmehl, weiße Bohnen, Kichererbsen, Korinthen, Walnüsse, Rosinen, Pistazien, Mandeln, Aprikosen, Feigen, Granatäpfel)*
ayva tatlısı ájwa tatləßə́	Quitten in Zuckersirup
bülbül yuvası bülbǘl juwaßə́	Nachtigallennester *(Blätterteiggebäck mit Nüssen)*
çikolatalı krema tschikolatalə́ kréma	Schokoladenpudding
dondurma dóndurma	Speiseeis
fırın sütlaç fərə́n ßütlátsch	überbackener Milchreis
hanım göbeği hanə́m göbe:í	Frauennabel *(frittierter Brandteig)*
helva hélwa	Halwa *(Süßspeise aus zerstoßenem Sesamsamen und Honig oder Sirup)*
kazandibi kasándibi	karamellisierter Reispudding
keşkül keschkǘl	Mandelpudding

kremalı pasta krémalə páßta	Sahnetorte
profiterol profiteról	Profiteroles
revani rewá:ni	Grießkuchen
şekerpare schekerpáre	Zuckerplätzchen in Sirup
şöbiyet schöbijét	Blätterteiggebäck in Dreiecksform
sütlaç ßütlátsch	Reismehlpudding
tart tárt	Obstkuchen
tavukgöğsü tawúkgö:ßü	Hühnerbrustpudding
telkadayıf télkadajəf	Gebäck aus Fadennudeln mit Walnüssen
tulumba tulúmba	Spritzkuchen
zerde sérde	Hochzeitsreis *(Reis mit Safran, Rosenwasser, Pinien- und Granatapfelkernen)*

Meşrubatlar

Alkoholfreie Getränke

ayran ajrán	Joghurtgetränk
domates suyu domatéß ßujú	Tomatensaft
gazoz gasós	Limonade
kola kóla	Cola
madensuyu ma:dénßuju	Mineralwasser

meyve suyu méjweßuju	Fruchtsaft
portakal suyu portakál ßujú	Orangensaft
şişe suyu schisché ßujú	Trinkwasser aus der Flasche
su ßu	Wasser
vişne suyu wíschne ßujú	Sauerkirschsaft

Içkiler

Alkoholische Getränke

beyaz şarap bejás scharáp	Weißwein
bira bíra	Bier
konyak konják	Kognak
köpüklü şarap köpüklű scharáp	Schaumwein, Sekt
kırmızı şarap kərməsə́ scharáp	Rotwein
likör likőr	Likör
rakı rákə	Anisschnaps
rom rom	Rum
sek ßek	trocken
şampanya schampánja	Champagner
şarap scharáp	Wein
tatlışarap tatlə́ scharáp	süßer Wein
votka wótka	Wodka

Sicak içecekler

Heiße Getränke

adaçayı ádatschajə	Salbeitee
çay tschaj	schwarzer Tee
elma çayı élma tschajə́	Apfeltee
ıhlamur çayı əchlamúr tschajə́	Lindenblütentee
kahve kachwé	Kaffee
limonlu çay limonlú tschaj	Tee mit Zitrone
nescafe neßkafé	(Instant-)Kaffee
salep ßá:lep	heiße Milch mit Knabenkraut *(nur im Winter)*
Türk kahvesi türk kachweßí	türkischer Kaffee

Restaurantsuche

Wo gibt es hier in der Nähe ►	Bu yakınlarda ► var mı? bu-jakənlardá ► wár-mə?
► ein Café?	► café kafé
► eine Kneipe?	► bar bár
► ein preiswertes Restaurant?	► ucuz bir lokanta udschús bir lokánta
► ein typisches Restaurant?	► tipik bir Türk lokantası tipík bir türk lokantaßə́
► einen Schnellimbiss?	► ayaküstü atıştıracak büfe ajakǘßtü atəschtəradschák büfé
Einen Tisch für ... Personen bitte.	... kişilik bir masa, lütfen. ... kischilík bir maßá, lǘtfen.
Haben Sie einen Hochstuhl?	Çocuk sandalyeniz var mı? tschodschúk ßandaljenís wár-mə?

Info Im kebap salonu werden ausschließlich Kebapgerichte (gegrilltes Lamm- oder Rindfleisch) serviert. Der köfte salonu ist auf gegrillte Hackfleischbällchen, der börekçi auf gefüllte Teigpasteten spezialisiert. Im ocakbaşı wird auf Holzkohle gegrillt. Der pide salonu bietet frisches Fladenbrot aus dem Ofen mit Käse-, Salami- oder Hackfleischbelag. Der işkembe salonu serviert ausschließlich Suppen.

Ist dieser ▸ noch frei? ▸ Tisch ▸ Platz	Bu ▸ boş mu? bu ▸ bósch-mu? ▸ masa maßá ▸ yer jer
Entschuldigung, wo sind die Toiletten?	Pardon, lavabo nerede? pardón, láwabo nérede?

Bestellen

Ist hier Selbstbedienung?	Burada self servis mi var? búrada ßelf ßerwíß-mi war?
Ich möchte nur eine Kleinigkeit essen.	Hafif bir şey yemek istiyorum. hafíf bir schej jemék ißtíjorum.
Ich möchte nur etwas trinken.	Sadece içecek alacağım. ßa:dedsche itschedschék aladschá:əm.
Die Karte bitte.	Yemek listesini verir misiniz? jemék lißteßiní werír-mißinis?
Haben Sie die Speisekarte auch auf ▸ ▸ Deutsch? ▸ Englisch?	▸ yemek kartınız var mı? ▸ jemék kartənəs wár-mə? ▸ Almanca almándscha ▸ İngilizce ingilísdsche

Info Die Bedienung ruft man Garson! (Kellner, Kellnerin) oder höflicher Bakar mısınız? (Hallo! Entschuldigung?).

Das könnten Sie hören:

İçecek ne alırsınız?
itschedsché k ne alərßənás?
Was möchten Sie trinken?

Ich möchte ►	► **istiyorum.** ► ißtíjorum.
► ein Glas Rotwein.	► **Bir bardak kırmızışarap** bir bardák kərməsə́ scharáp
► eine Flasche Weißwein.	► **Bir şişe beyaz şarap** bir schisché bejás scharáp
► einen halben Liter Hauswein.	► **Yarım litre ev şarabı** jarə́m litré ew scharabə́
► ein Viertel Rosé.	► **Çeyrek litre roze** tschejrék litré rosé
► ein Bier.	► **Bir bira** bir bíra
► eine Karaffe Wasser.	► **Bir sürahi su** bir ßürá:hi ßu
► eine kleine Flasche Mineralwasser.	► **Bir küçük şişe madensuyu** bir kütschǘk schisché ma:dénßuju
► eine große Flasche Mineralwasser.	► **Bir büyük şişe madensuyu** bir büjǘk schisché ma:dénßuju

Das könnten Sie hören:
Yiyecek ne alırdınız?
jijedschék ne alərdənə́s?
Was möchten Sie essen?

Ich möchte ▸	▸ istiyorum. ▸ ißtíjorum.
▸ das Menü zu ... Lira.	▸ ... liralık mönü ... liralə́k mönű
▸ eine Portion ...	▸ Bir porsiyon ... bir porßijón ...
▸ ein Stück ...	▸ Bir tane ... bir tá:ne ...
Was ist heute das Tagesgericht?	Bugün günün yemeği ne? búgün günű̈n jeme:í ne?
Was sind die Spezialitäten dieser Region?	Bu yörenin hangi yemekleri meşhur? bú jörenín hángi jemeklerí meschchúr?
Was empfehlen Sie mir?	Ne tavsiye edersiniz? ne tawßíje edérßinis?
Haben Sie ▸	▸ var mı? ▸ wár-mə?
▸ diabetische Kost?	▸ Şeker hastaları için özel yiyecek schekér haßtalarə́ itschín ösél jijedschék
▸ Diätkost?	▸ Perhiz yapanlar için özel yiyecek perchís japanlár itschín ösél jijedschék

▸vegetarische/ vegane Gerichte?	▸Vejetaryan/vegan yemekleri weschetarján/végan jemeklerí
Ist ... in dem Gericht? Ich darf das nicht essen.	Bu yemeğin içinde ... var mı? Varsa yiyemem. bú jeme:ín itschínde ... war-mə? warßá jijémem.
Für mich bitte ohne ...	Benimkinde ... olmasın lütfen. benimkindé ... olmaßən lűtfen.
Kann ich ... haben, statt ...?	... alabilir miyim, ... yerine? ... alabilír-mijim, - ... jeriné?
Ich möchte noch etwas Brot.	Biraz daha ekmek istiyorum, lütfen. birás dachá ekmék ißtíjorum lütfén.
Bitte bringen Sie mir noch ...	Lütfen bana daha ... getirin. lűtfen bána dachá ... getirín.
Können wir für die Kinder eine halbe Portion bekommen?	Çocuklar için yarım porsiyon alabilir miyiz? tschodschuklár itschín jarəm porßijón alabilír-mijis?
Bringen Sie uns bitte ein Extra-Gedeck für unser Kind.	Çocuğumuz için bir tabak-kaşık takımı alabilir miyiz? tschodschu:umús itschín bir tabák-kaschək takəmə́ alabilír-mijis?

Bei Tisch

Guten Appetit!	Afiyet olsun! afijét olßún!
Danke, Ihnen | dir auch!	Sağol, size de | sana da! ßa:-ól, ßise de | ßana da!
Zum Wohl!	Şerefe! scherefé!

Das könnten Sie hören:
Beğendiniz | Beğendin mi?
be:endinís | be:endín -mi?
Schmeckt es Ihnen | dir?

Danke, sehr gut.	Elinize sağlık, çok güzel olmuş. elinisé ßá:lək, tschok güsél olmúsch.
Noch etwas ...?	Biraz daha ...? bíras dachá ...?
Ich möchte Sie | dich einladen.	Sizi | Seni davet etmek istiyorum. ßisí | ßení dawét etmék ißtíjorum.
Danke für die Einladung.	Davet için teşekkür ederim. da:wét itschín teschek:úr edérim.
Es war ausgezeichnet.	Yemekler nefisti. jemeklér nefíßti.

Reklamieren

Das habe ich nicht bestellt. Ich wollte …	**Bunu ben ısmarlamadım. … söylemiştim.** búnu bén əßmarlámadəm. … ßöjlemíschtim.
Haben Sie unser … vergessen?	**Bize … getirmeyi unuttunuz mu?** bíse … getirmejí unut:unús-mu?
Hier fehlt noch …	**Buranın … gelmedi.** búranən … gélmedi.
Das Essen ist kalt.	**Yemek soğuk.** jemék ßo:úk.
Das Essen ist versalzen.	**Yemek çok tuzlu.** jemék tschok tuslú.
Das Fleisch ist nicht lang genug gebraten.	**Et iyi kızarmamış.** et ijí kəsármaməsch.
Das Fleisch ist zäh.	**Et sert.** et ßert.
Bitte nehmen Sie es zurück.	**Bunu geri götürün.** búnu géri götǘrün.

Bezahlen

Die Rechnung bitte!	**Hesap lütfen!** heßáp lǘtfen!
Ich hätte gerne eine Quittung.	**Makbuz yazar mısınız lütfen.** makbús jasár-məßənəs lǘtfen.
Wir möchten getrennt bezahlen.	**Hesabı ayrı ödemek istiyoruz.** heßábə ájrə ödemék ißtíjorus.
Bitte alles zusammen.	**Hepsi birlikte lütfen.** hepßí birlikté lǘtfen.
Es war ausgezeichnet.	**Yemekler nefisti.** jemeklér nefíßti.
Ich glaube, hier stimmt etwas nicht.	**Bu hesapta bir yanlışlık var sanıyorum.** bu heßaptá bir janləschlə́k war ßanə́jorum.
Es stimmt so.	**Üstü kalsın.** üßtǘ kalßə́n.
Vielen Dank.	**Teşekkürler.** teschek:ürlér.

Info Getrenntes Bezahlen ist unüblich – man sollte seinen türkischen Gastgeber bezahlen lassen und sich beim nächsten Mal revanchieren. Trinkgelder sind üblicherweise 10 Prozent des Rechnungsbetrags (je nach Lokal auf dem Tisch liegen lassen oder in ein gesondertes Behältnis neben der Kasse werfen).

Weitere Wörter

Abendessen	akşam yemeği akschám jeme:í
Allergie	alerji alerschi
Aschenbecher	kül tablası kül táblaßə
Bedienung	garson garßón
Beilage	garnitür garnitűr
Besteck	servis ßérwiß
bestellen	ısmarlamak əßmarlamák
bezahlen	ödemek ödemék
getrennt bezahlen	ayrı ödemek ajrə ödemék
zusammen bezahlen	birlikte ödemek birlikté ödemék
Brot	ekmek ekmék
Brötchen	sandviç ekmeği ßándwitsch ekme:í
Butter	tereyağı téreja:ə
Diät	diyet dijét
durstig sein	susamak ßußamák
Essen	yemek jemék
essen	yemek yemek jemék jemék
Essig	sirke ßirké
fett	yağlı ja:lə
Fisch	balık balək
Fläschchenwärmer	şişe ısıtıcı schisché əßətədschə́
Flasche	şişe schisché
Fleisch	et et

frisch	taze tá:se
Frühstück	kahvaltı kachwaltə
frühstücken	kahvaltı etmek kachwaltə etmék
Gabel	çatal tschatál
Gang	kap kap
Gebäck	kurabiye kurabijé
Gedeck	sofra takımı ßofrá takəmə
Gemüse	sebze ßébse
Gericht	yemek jemék
Getränk	içecek itschedschék
gewürzt	baharatlı bacha:ratlə
Glas	bardak bardák
Gräte	kılçık kəltschək
Hauptgericht	ana yemek aná jemék
hausgemacht	evde yapılmış ewdé japəlməsch
heiß	sıcak ßədschák
hungrig sein	acıkmak adschəkmák
Joghurt	yoğurt jo:úrt
Kakao	kakao kakáo
Kartoffeln	patates patatéß
kalt	soğuk ßo:úk
Kellner(in)	garson garßón
Kinderteller	çocuk porsiyonu tschodschúk porßijonú
Kneipe	bar bar
Knoblauch	sarımsak ßarəmßák

Kuchen	pasta paßtá
Löffel	kaşık kaschák
mager	yağsız ja:ßəs
Mayonnaise	mayonez majonés
Menü	mönü mönǘ
Messer	bıçak bətschák
Mineralwasser mit Kohlensäure	madensuyu gazlı ma:dénßuju gaslə́
Mineralwasser ohne Kohlensäure	madensuyu gazsız ma:dénßuju gasßəs
Mittagessen	öğle yemeği ö:lé jeme:í
Nachtisch	meyve ve tatlı méjwe we tatlə́
Nudeln	makarna makárna
Obst	meyve méjwe
Öl	yağ ja:
Pfeffer	toz biber tós bibér
Pilze	mantar mantár
Pizza	pizza pís:a
Portion	porsiyon porßijón
Restaurant	restoran reßtorán
Rindfleisch	sığır eti ßə:ár etí
roh	çiğ tschi:
Rohkost	çiğ besin tschi: besín
Sahne	kaymak kajmák
Salat	salata ßalatá
Salatsoße	salata sosu ßalatá ßoßú
Salz	tuz tus

satt sein	**doymak** dojmák
sauer	**ekşi** ekschí
scharf	**acı** adschə́
schmecken	**beğenmek** beːenmék
Schonkost	**perhiz** perhís
Senf	**hardal** hardál
Serviette	**peçete** petscheté
Soße	**sos** ßoß
Suppe	**çorba** tschórba
süß	**tatlı** tatlə́
Süßspeisen	**tatlılar** tatlə́lar
Süßstoff	**tadlandırıcı** tadlandərədschə́
Tasse	**fincan** findschán
Tee	**çay** tschaj
Teelöffel	**çay kaşığı** tschaj kaschəːə́
Teller	**tabak** tabák
Tisch	**masa** maßá
trinken	**içmek** itschmék
Trinkgeld	**bahşiş** bachschísch
vegan	**vegan** végan
vegetarisch	**vejetaryen** weschetarjén
Vorspeise	**meze** mesé
Wasser	**su** ßu
Wein	**şarap** scharáp
Zahnstocher	**kürdan** kürdán
Zucker	**şeker** schekér

Einkaufen

Fragen & Wünsche

Wie viel kostet das?	**Ne kadar?** né-kadar?
Was kostet ...?	**... kaça?** ... katschá?
Können Sie den Preis aufschreiben?	**Fiyatı yazar mısınız?** fijátə jasár-məßənəs?
Das ist mir zu teuer.	**Benim için pahalı.** bénim itschín pachalə́.
Machen Sie mir einen guten Preis!	**Bana iyi bir fiyat yapın!** baná ijí bir fiját japə́n!
Kann ich es etwas billiger bekommen?	**Fiyattan düşer misiniz?** fijatán düschér-mißinis?
Für ... nehme ich es.	**... -e alırım.** ... -e alərə.
Haben Sie auch etwas Preiswerteres?	**Ucuz birşeyler var mı?** udschús bir schejlér wár-mə?
Haben Sie ein Sonderangebot?	**Özel indirimli bir malınız var mı?** ösél indirimlí bir malənə́s wár-mə?
Kann ich mit ► zahlen?	**► ödeyebilir miyim?** ► ödejebilír-mijim?
► EC-Karte	**► EC kartıyla** e-ße kartə́jla
► (dieser) Kreditkarte	**► (Bu) Kredi kartıyla** (bu) kredí kartə́jla

Ich hätte gerne eine Quittung.	Makbuz rica ediyorum. makbús ridschá: edíjorum.
Wo bekomme ich ...?	... nerede bulabilirim? ... nérede bulabilírim?

Das könnten Sie hören:

Ne arzu edersiniz?
ne arsú edérßinis?
Was wünschen Sie?

Yardımcı olabilir miyim?
jardəmdschə́ olabilír-mijim?
Kann ich Ihnen helfen?

Danke, ich sehe mich nur um.	Teşekkür ederim, bakmak istiyorum sadece. teschek:űr éderim, bakmák ißtíjorum ßá:dedsche.
Ich werde schon bedient.	Benimle ilgileniyorlar. benímle ilgilenijórlar.
Ich hätte gerne ...	... istiyorum. ... ißtíjorum.

Das könnten Sie hören:

Maalesef, ... kalmadı.
má:leßef, ... kálmadə.
Es tut mir leid, wir haben keine ... mehr.

Das gefällt mir nicht so gut.	**Bunu pek beğenmedim.** búnu pek be:énmedim.
Können Sie mir noch etwas anderes zeigen?	**Başka çeşitleriniz var mı?** báschka tscheschitlerinís wár-mə?
Ich muss mir das noch mal überlegen.	**Düşünmem lazım.** düschünmém lá:səm.
Ich nehme es.	**Tamam, bunu alıyorum.** tamá:m, búnu aləjorum.

Das könnten Sie hören:

Başka bir arzunuz var mıydı?
báschka bir arsunús wár-məjdə?
Darf es sonst noch etwas sein?

Danke, das ist alles.	**Teşekkürler, hepsi bu kadar.** teschek:ürlér, hepßí bu kadár.
Haben Sie eine Tüte?	**Poşet var mı?** poschét wár-mə?
Ich möchte das umtauschen.	**Bunu değiştirmek istiyorum.** búnu de:ischtirmék ißtíjorum.
Ich möchte das zurückgeben.	**Bunu geri vermek istiyorum.** búnu géri wermék ißtíjorum.

Weitere Wörter

Ausverkauf	**ucuzluk** udschuslúk
billig	**ucuz** udschús
billiger	**daha ucuz** dachá udschús
geben	**vermek** wermék
Geld	**para** pára
Geschenk	**hediye** hedíje
groß	**büyük** büjűk
größer	**daha büyük** dachá büjűk
kaufen	**satın almak** ßatən almák
kontaktlos (Bezahlung)	**temassız (ödeme)** temáß-ßəs (ödemé)
kosten	**etmek** etmék
Kreditkarte	**kredi kartı** krédi kartə́
Quittung	**makbuz** makbús
rund	**yuvarlak** juwarlák
Schaufenster	**vitrin** witrín
Schlussverkauf	**mevsim sonu satış** mewsím ßonú ßatə́sch
Selbstbedienung	**self servis** ßélf ßérwiß
Sonderangebot	**indirim** indirím
umtauschen	**değiştirmek** de:ischtirmék
teuer	**pahalı** pachalə́
Tüte	**poşet** poschét
zeigen	**göstermek** gößtermék
zu groß	**çok büyük** tschok büjűk

zu teuer	**çok pahalı** tschok pachalə́
zurückgeben	**geri vermek** gerí wermék

Geschäfte

Andenkenladen	**hediyelik eşya dükkanı** hedijelík eschjá: dük:anə́
Apotheke	**eczane** edschsá:ne
Bäckerei	**fırın** fərə́n
Blumengeschäft	**çiçekçi** tschitschektschí
Boutique	**butik** butík
Buchhandlung	**kitapçı** kitaptschə́
Drogerie	**ecza deposu** edschsá: depoßú
Einkaufszentrum	**alışveriş merkezi** aləschwerisch merkesí
Feinkostgeschäft	**şarküteri** scharkütéri
Fischgeschäft	**balıkçı** baləktschə́
Fleischerei	**kasap** kaßáp
Flohmarkt	**bit pazarı** bit pasarə́
Fotogeschäft	**fotoğrafçı dükkanı** foto:raftschə́ dük:anə́
Friseur	**berber** berbér
Gemüsehandlung	**manav (dükkanı)** manáw (dük:an´ə)
Juweliergeschäft	**kuyumcu (dükkanı)** kujumdschú (dük:an´ə)
Kaufhaus	**mağaza** ma:ása

Kiosk	büfe büfé
Konditorei	pastane paßta:né
Lederwarengeschäft	deri eşya mağazası déri eschjá: ma:asaßə
Markt	çarşı tschárschə
Musikgeschäft	müzik dükkanı müsík dük:anə́
Optiker	gözlükçü göslüktschű
Parfümerie	parfümeri parfümerí
Reinigung	kuru temizleme kúru temislemé
Schreibwaren-geschäft	kırtasiye mağazası kərtáßije ma:asaßə́
Schuhgeschäft	ayakkabı mağazası aják:abə ma:asaßə́
Sportgeschäft	spor malzemeleri mağazası ßpór málsemelerí ma:asaßə́
Supermarkt	süpermarket ßüpermárket
Tabakwaren	tütün ürünleri tütǘn ürünlerí
Waschsalon	çamaşır yıkama salonu tschamaschə́r jəkamá ßalonú
Wurstwaren	sucuk çeşitleri ßudschúk tscheschitlerí
Zeitungsstand	gazete bayiisi gaseté baji:ßí

Lebensmittel

Was ist das?	Bu ne? bu-né?
Bitte ein Stück davon.	Bundan bir tane lütfen. bundán bir tané lű̈tfen.

Kann ich probieren?	**Tadına bakabilir miyim?** tádəna bakabilír-mijim?
Bitte geben Sie mir ►	**Lütfen ► verir misiniz?** lǘtfen ► werír-mißinis?
►100 Gramm ...	**►yüz gram ...** jüs grám ...
►1 halbes Kilo ...	**►yarım kilo ...** jarə́m kílo ...
►1 Kilo ...	**►bir kilo ...** bir kílo ...
►1 Liter ...	**►bir litre ...** bir lítre ...
►1 halben Liter ...	**►yarım litre ...** jarə́m lítre ...
►4 Scheiben ...	**►dört dilim ...** dört dilím ...
►1 Stück ...	**►bir tane ...** bir tá:ne ...
Kann ich probieren?	**Tadına bakabilir miyim?** tádəna bakabilír-mijim?

Weitere Wörter

Ananas	**ananas** ananáß
Apfel	**elma** élma
Apfelsaft	**elma suyu** élma ßujú
Apfelwein	**elma şarabı** élma scharabə́
Aprikose	**kayısı** kájəßə
Artischocke	**enginar** énginar
Aubergine	**patlıcan** patlədschán
Avocado	**avokado** awokadó
Banane	**muz** mus
Basilikum	**fesleğen** feßle:én

Bier	bira bíra
alkoholfreies Bier	alkolsüz bira alkolßüs bíra
Birne	armut armút
Blumenkohl	karnabahar karnábachar
grüne Bohnen	taze fasulye tá:se faßúlje
weiße Bohnen	kuru fasulye kurú faßúlje
Brokkoli	brokoli brókoli
Brot	ekmek ekmék
Brötchen	sandviç ekmeği ßándwitsch ekme:í
Butter	tereyağı téreja:ə
Chicorée	hindiba hindibá:
Ei	yumurta jumurtá
Eis	buz bus
Erbsen	bezelye besélje
Erdbeeren	çilek tschilék
Erdnüsse	yerfıstığı jérfəßtə:ə
Essig	sirke ßirké
Esskastanien	kestane keßtáne
Estragon	tarhun tarhún
Fisch	balık balák
Fleisch	et et
Geflügel	kümes hayvanları küméß hajwanlarə́
Gemüse	sebze ßébse
Gewürze	baharat bacharát
Grieß	irmik irmík
Gurke (Salatgurke)	hıyar həjár

eingelegte Gurken	**hıyar turşusu** həjár turschußú
Hackfleisch	**kıyma** kəjmá
Haferflocken	**yulaf ezmesi** juláf esmeßí
Hähnchen	**piliç** pilítsch
Haselnüsse	**fındık** fəndák
Himbeeren	**ahududu** á:chududu
Honig	**bal** bal
Joghurt	**yoğurt** jo:úrt
Kaffee	**kahve** kachwé
Kakao	**kakao** kakáo
Kalbfleisch	**dana eti** dána etí
Kartoffeln	**patates** patatéß
Käse	**peynir** pejnír
Kekse	**bisküvi** bißküwí
Ketchup	**ketçap** kettscháp
Kirschen	**kiraz** kirás
Kiwi	**kivi** kíwi
Knoblauch	**sarımsak** ßarəmßák
Kotelett	**pirzola** pírsola
Kräuter	**ot** ot
Kräutertee	**ot çayı** ot tschajá
Kuchen	**pasta** paßtá
Lammfleisch	**kuzu eti** kusú etí
Lauch	**pırasa** pəráßa
Leberpastete	**ciğer pate** dschi:ér paté
Limonade	**gazoz** gasós
Mais	**mısır** məßár
Margarine	**margarin** margarín

Marmelade	**reçel**	retschél
Melone	**kavun**	kawún
Milch	**süt**	ßüt
fettarme Milch	**yağsız süt**	ja:ßəs ßüt
Mineralwasser mit Kohlensäure	**madensuyu gazlı**	ma:dénßuju gaslə
Mineralwasser ohne Kohlensäure	**madensuyu gazsız**	ma:dénßuju gasßəs
Möhren	**havuç**	hawútsch
Müsli	**müsli**	müßlí
Nektarine	**nektarin**	nektarín
Nudeln	**makarna**	makárna
Obst	**meyve**	méjwe
ohne Konservierungsstoffe	**konserve katkı maddesiz**	konßérwe katkə mad:eßís
Öl	**yağ**	ja:
Oliven	**zeytin**	sejtín
Olivenöl	**zeytinyağı**	sejtínja:ə
Ölsardinen	**kutu sardalya**	kutú ßardaljá
Orange	**portakal**	portakál
Orangensaft	**portakal suyu**	portakál ßujú
Oregano	**mercanköşk**	merdschánköschk
Paprika (Gewürz)	**kırmızı biber**	kərməsə bibér
Paprikaschote	**dolmabiber**	dolmábiber
Peperoni	**sivribiber**	ßiwríbiber
Petersilie	**maydanoz**	majdanós
Pfeffer	**toz biber**	tos bibér
Pfirsich	**şeftali**	scheftáli

Pflaume	erik erík
Pistazien	şamfıstığı schámfəßtə:
Reis	pirinç, pilav piríntsch, piláw
Rindfleisch	sığır eti ßə:ər etí
Rosmarin	biberiye bibérije
Rotwein	kırmızışarap kərməsə́ scharáp
Saft	özsu ösßú
Sahne	kaymak kajmák
Salami	salam ßalám
Salat	salata ßalatá
Salz	tuz tus
Salzfass	tuzluk tuslúk
gekochter Schinken	pişmiş jambon pischmísch schambón
roher Schinken	çiğ jambon tschi: schambón
Schnittlauch	soğancık ßo:andschək
Schnitzel	şinitsel schinítßel
Schokolade	çikolata tschikoláta
Schwarzbrot	siyah ekmek ßiján ekmék
Schweinefleisch	domuz eti dómus etí
Sonnenblumenkerne	çekirdek tschekirdék
Spargel	kuşkonmaz kuschkonmás
Spinat	ıspanak əßpanák
Steak	biftek bifték
Süßstoff	tadlandırıcı tadlandərədschə́
Tee	çay tschaj
Thunfisch	torik torík
Thymian	kekik kekík

Tomate	domates domatéß
Vollkornbrot	kepek ekmek kepék ekmék
Walnuss	ceviz dschewís
Wassermelone	karpuz karpús
Wein	şarap scharáp
Weintrauben	üzüm üsűm
Weißbrot	beyaz ekmek bejás ekmék
Weißwein	beyaz şarap bejás scharáp
Wurst	sucuk ßudschúk
Würstchen	sosis ßoßíß
Zitrone	limon limón
Zucchini	kabak kabák
Zucker	şeker schekér
Zwieback	peksimet pekßimét
Zwiebel	soğan ßo:án

Kleidung

Ich suche ... — ... arıyorum. ... arәjorum.

Das könnten Sie hören:

Kaç beden giyiyorsunuz?
katsch bedén gijíjorßunus?

Welche Größe haben Sie?

Ich habe Größe ... — ... beden giyiyorum.
... bedén gijíjorum.

Haben Sie das auch in Größe ...?	**... beden de var mı?** ... bedén de wár-mə?
Haben Sie das auch in einer anderen Farbe?	**Bunun başka rengi var mı?** búnun baschká réngi wár-mə?
Welches Material ist das?	**Bu hangi malzemeden yapılmış?** bu hángi malsemedén japəlməsch?
Kann ich das anprobieren?	**Şunu deneyebilir miyim?** schúnu denejebilír-mijim?
Wo sind die Umkleidekabinen?	**Soyunma kabinleri nerede?** ßojunmá kabinlerí nérede?
Wo ist ein Spiegel?	**Ayna nerede?** ajná nérede?
Es steht mir nicht.	**Bu bana yakışmadı.** bu bána jakəschmadə.
Das ist mir zu ►	**Bu bana ► geldi.** bu bána ► geldí.
►groß.	►**büyük** büjǘk
►klein.	►**küçük** kütschǘk
Das passt gut.	**Bu iyi uydu.** bu ijí ujdú.

Stoffe

Baumwolle	pamuk pamúk
Filz	keçe ketsché
Fleece	polar polár
Kaschmir	keşmir keschmír
Leder	deri derí
Leinen	keten ketén
Mikrofaser	mikro elyaf mikró elјáf
Naturfaser	doğal elyaf do:ál elјáf
Schafwolle	koyun yünü kojún jünǘ
reine Schurwolle	saf yeni yün sa:f jení jün
Seide	ipek ipék
Synthetik	sentetik ßentetík
Wildleder	süet ßüét
Wolle	yün jün

Farben

beige	krem rengi krem réngi
blau	mavi ma:wí
braun	kahverengi kachwerengí
bunt	renkli renklí
dunkelblau	lacivert la:dschiwért
dunkelrot	koyu kırmızı kojú kərməsə́
einfarbig	düz renkli düs renklí
gelb	sarı ßarə́

golden	yaldızlı jaldəslə́
grau	gri gri
grün	yeşil jeschíl
hellblau	açık mavi atschə́k mawí
lila	mor mor
pink	canlı pembe dschanlə́ pembé
rosa	pembe pembé
rot	kırmızı kərməsə́
schwarz	siyah ßijách
silbern	gümüşrengi gümüschréngi
türkis	boncuk mavisi bondschúk ma:wißí
weiß	beyaz bejás

Weitere Wörter

Abendkleid	Abendkleid
Anzug	takım elbise takə́m elbißé
Badeanzug	mayo majó
Badehose	mayo, şort majó, schort
Bademantel	bornoz bornós
BH	sütyen ßütjén
Bikini	bikini bikíni
Bluse	bluz blus
Gürtel	kemer kemér
Halstuch	şal schal
Handschuhe	eldiven eldiwén

Hemd	gömlek gömlék
Hose	pantolon pantolón
Hut	şapka schápka
Jacke	ceket dschekét
Jeans	blucin bludschín
Jogginghose	eşofman altı eschofmán altə
Kapuze	kukuleta kukuléta
Kleid	elbise elbißé
Knopf	düğme dü:mé
Kostüm	kostüm koßtǘm
Krawatte	kravat krawát
kurz	kısa kəßá
lang	uzun usún
Leggins	tayt tajt
Mantel	palto paltó
Mütze	bere, takke beré, tak:é
Pullover	kazak kasák
Regenjacke	yağmurluk ja:murlúk
Regenmantel	yağmurluk ja:murlúk
Reißverschluss	fermuar fermuár
Rock	etek eték
Sakko	erkek ceketi erkék dscheketí
Schal	kaşkol kaschkól
Schlafanzug	pijama pischáma
Shorts	şort schort
Slip	külot külót
Socken	çorap tschoráp

Sonnenhut	**güneş şapkası** günésch schapkaßə́
Strümpfe	**çorap** tschoráp
Strumpfhose	**külotlu çorap** külótlu tschoráp
T-Shirt	**tişört** tíschört
Unterhemd	**fanila** fanilá
Unterwäsche	**iç çamaşır** itsch tschamaschə́r
Weste	**yelek** jelék

Schuhe

Ich möchte ein Paar ...	**Bir çift ... bakıyorum.** bir tschift ... bakíjorum.

Das könnten Sie hören:

Kaç numara giyiyorsunuz?
katsch numará gijíjorßunus?
Welche Schuhgröße haben Sie?

Ich habe Schuhgröße ...	**... numara giyiyorum.** ... numará gijíjorum.
Sie sind zu ▸	**Bunlar çok ▸ geldi.** bunlár tschok ▸ geldí.
▸groß.	▸**büyük** büjǘk
▸klein.	▸**küçük** kütschǘk
Sie drücken hier.	**Ayakkabının şurası vuruyor.** ajak:abənə́n schúraßə wurújor.

Weitere Wörter

Badeschuhe	**plaj terliği** plasch terli:í
Bergschuhe	**dağ ayakkabısı** da: ajak:abəßə́
Einlegesohlen	**mantar taban** mantár tabán
eng	**dar** dar
Größe	**beden** bedén
Gummistiefel	**lastik çizme** láßtik tschismé
Halbschuhe	**iskarpin** ißkarpín
Leder	**deri** derí
Ledersohle	**kösele** kößelé
Pumps	**yüksek topuklu ayakkabı** jükßék topuklú ajak:abə́
Sandalen	**sandalet** ßandalét
Schnürsenkel	**ayakkabı bağı** aják:abə ba:ə́
Schuhcreme	**ayakkabı cilası** aják:abədschilaßə́
Schuhe	**ayakkabı** aják:abə
Schuhputzmittel	**ayakkabı bakım malzemesi** aják:abə bakə́m malsemeßí
Stiefel	**çizme** tschismé
Turnschuhe	**spor ayakkabısı** ßpor ajak:abəßə́
Wanderschuhe	**yürüyüş ayakkabısı** jürüjǘsch ajak:abəßə́
Wildleder	**süet** ßüét

Souvenirs

Ich möchte ▸	▸ istiyorum. ▸ ißtíjorum.
▸ ein hübsches Andenken.	▸ Güzel bir hatıralık eşya güsél bir hatəraláək eschjá:
▸ ein Geschenk.	▸ Bir hediye bir hedijé
▸ etwas Typisches aus dieser Gegend.	▸ Bu yöreye özgü bir şey bu jörejé ösgű bir schej
Ist das Handarbeit?	Bu elişi mi? bu élischi-mi?
Ist das antik?	Bu antik mi? bu antík mi?
Ist das echt?	Bu hakiki mi? bu hakí:ki: mi?

Weitere Wörter

Adresse	adres adréß
Alabaster	kaymaktaşı kajmáktaschə
Andenken	hatıralık eşya hatəraláək eschjá:
antik	antik antík
Antiquitäten	antikacı antíkadschə
Backgammon	tavla táwla
Becher	kupa kúpa
Bernstein	kehribar kechribár
chemische Farben	kimyasal boya kimjaßál bojá
Druckkattun	basma baßmá

echt	hakiki hakí:ki:
Emaille	emay emáj
Fayence	çini tschíni
Flachgewebe	zili dokuma síli dokumá
Fußreif	halhal halhál
Gebetskette	tespih teßpích
Gebetsnische (als Teppichdekor)	mihraplı michraplə́
Gebetsteppich	seccade ßedsch:á:de
Gegend	yöre jöré
Gürtel	kemer kemér
Häkelspitze	oya ojá
Handarbeit	elişi élischi
Handtasche	el çantası el tschantaßə́
Holztruhe	sandık ßandə́k
Kelim	kilim kilím
Keramik	seramik ßeramík
Klöppelspitze	dantel dantél
Knüpfteppich für die Wand	ilmekli duvar halısı ilmeklí duwár haləßə́
Knüpfteppich	ilmekli halı ilmeklí halə́
Koffer	bavul bawúl
Kopftuch (handgefärbt)	yemeni jemení
Korankästchen	Kuran mahfazası kurá:n machfasaßə́
Korb	sepet ßepét

Kunsthandwerk	**el sanatları**	el ßanatlarə́
Kupfer	**bakır**	bakə́r
Kupferkännchen	**küçük bakır ibrik**	kütschǘk bakə́r ibrík
Kupferkessel	**bakır kazan**	bakə́r kasán
Kupfertablett	**bakır sini**	bakə́r ßiní
Läufer	**yolluk halısı**	jol:úk haləßə́
Lebensbaum	**hayatağacı**	hajáta:adschə
Lederjacke	**deri ceket**	derí dschekét
Ledertasche	**deri çanta**	derí tschantá
Lesepult (für den Koran)	**rahle**	rachlé
Marmor	**mermer**	mermér
Meerschaum	**lületaşı**	lülétaschə
Messing	**pirinç**	piríntsch
Nomadenkelim	**yörük kilimi**	jörǘk kilimí
Onyx	**oniks**	oníkß
Perlmutt	**sedef**	ßedéf
Pflanzenfarben	**bitkisel boya**	bitkißél bojá
Rechnung	**fatura**	fatúra
Reisetasche	**valiz**	walís
Samowar	**semaver**	ßemá:wer
Schachtel	**kutu**	kutú
Schminktöpfchen	**sürmedan**	ßürmedán
Schmuck	**takı**	takə́
Schnabelkännchen	**ibrik**	ibrík
Schuhputzerkasten	**boya sandığı**	bojá ßandə:ə́

Seidenteppich	**ipek halı** ipék halə
Stickerei	**işleme** ischlemé
Stielkännchen (für türkischen Kaffee)	**cezve** dscheswé
Tablett	**tepsi** tépßi
Tablettständer	**tepsialtı** tépßialtə
Talisman (blaue Perle gegen den bösen Blick)	**nazar boncuğu** nasár bondschu:ú
Tässchen	**fincan** findschán
Teekanne	**çaydanlık** tschajdanlək
Teetablett	**çay askısı** tschaj aßkəßə
Teller (handbemalt)	**çini tabak** tschíni tabák
Terrakotta	**seramik** ßerámik
Tischchen	**sehpa** ßechpá
Tischdecke	**örtü** örtű
Tontopf	**çömlek** tschömlék
typisch	**tipik** tipík
Vase	**vazo** wasó
Wasserpfeife	**nargile** nargilé
Webteppich (bestickt)	**cicim** dschídschim
Zertifikat	**sertifika** ßertifiká
Ziegenhaar	**keçi kılı** ketschí kələ
Zinn	**kalay** kaláj

Drogerieartikel

allergiegetestet	alerjik değildir alerschík de:íldir
Babyfläschchen	biberon biberón
Babypuder	talk pudrası talk púdraßə
Bürste	fırça fərtschá
COVID-19 (Antigen-) Schnelltest	Kovid-19 (antijen) hızlı test kówid ón-dokus (antischen) həsl´ə test
Damenbinden	hijyenik kadın bağı hischjeník kadən ba:ə́
Deo	deodoran deodorán
Duschgel	vücut şampuanı wüdschú:t schampuanə́
feuchte Tücher	ıslak havlu əßlák hawlú
Haargel	saç jölesi ßatsch schöleßí
Haarklammern	firkete firketé
Haarspange	saç tokası ßatsch tokaßə́
Haarspray	saç spreyi ßatsch ßprejí
Handcreme	el kremi el krémi
Hände-desinfektionsgel	el dezenfektanı jeli el desenfektánə scheli
Kajalstift	göz kalemi gös kalemí
Kamm	tarak tarák
Kondome	kondomlar kondomlár
Körperlotion	vücut losyonu wüdschú:t loßjonú

Kosmetiktücher .... yüz silme mendili
jüs ßilmé mendilí
Lichtschutzfaktor .... güneşten korunma faktörü
güneschtén korunmá faktörű
Lidschatten .... far far
Lippenpflegestift .... dudak kremi dudák kremí
Lippenstift .... ruj rusch
(medizinische) Maske .. tıbbi maske təbí maßké
Mückenschutz .... sivrisinek ilacı
ßiwrißinék iladschə
Nachtcreme .... gece kremi gedsché kremí
Nagelbürste .... tırnak fırçası
tərnák fərtschaßə
Nagelfeile .... tırnak törpüsü tərnák törpüßű
Nagellack .... oje osché
Nagellackentferner ..... aseton aßetón
Nagelschere .... tırnak makası tərnák makaßə
Papiertaschentücher ... kağıt mendil ka:ət mendíl
Parfüm .... parfüm parfűm
parfümfrei .... parfümsüz parfümßűs
Pflaster .... plaster plaßtér
Pinzette .... cımbız dsch əmbəs
Rasierklinge .... jilet schilét
Rasierschaum .... tıraş köpüğü tərásch köpü:ű
Reinigungsmilch .... temizleme sütü
temislemé ßütű
Rouge .... allık al:ək

Schaumfestiger	**sertleştirici köpük** ßertleschtiridschí köpǘk
Schnuller	**emzik** emsík
Seife	**sabun** ßabún
Shampoo	**şampuan** schampuán
Sonnencreme	**güneş kremi** günésch kremí
Sonnenmilch	**güneş sütü** günésch ßütǘ
Spiegel	**ayna** ajná
Tagescreme	**gündüz kremi** gündǘs kremí
Tampons	**tampon** tampón
Toilettenpapier	**tuvalet kağıdı** tuwalét ka:ədə́
Waschlappen	**sabun bezi** ßabún besí
Waschmittel	**çamaşır tozu** tschamaschə́r tosú
Watte	**pamuk** pamúk
Wattestäbchen	**kulak temizleme pamuğu** kulák temislemé pamu:ú
Wimperntusche	**rimel** rimél
Zahnbürste	**diş fırçası** disch fərtschaßə́
Zahnpasta	**diş macunu** disch ma:dschunú
Zahnseide	**diş ipliği** disch ipli:í
Zahnstocher	**kürdan** kürdán

Haushalt

Adapter	**adaptör** adaptǿr
Alufolie	**alüminyum foli** alümínjum folí

Batterie	**pil** pil
Bügeleisen	**ütü** ütü
Dosenöffner	**konserve açacağı** konßérwe atschadscha:ə
Eimer	**kova** kowá
Feuerzeug	**çakmak** tschakmák
Flaschenöffner	**şişe açacağı** schisché atschadscha:ə
Fleckenentferner	**leke temizleyici** leké temislejidschí
Föhn	**saç kurutma makinesi** ßatsch kurutmá makineßí
Frischhaltefolie	**yiyecek ambalaj kağıdı** jijedschék ambalásch ka:ədə
Gabel	**çatal** tschatál
Glühlampe	**ampul** ampúl
Grillanzünder	**mangal tutuşturucusu** mangál tutuschturudschußú
Grillkohle	**mangal kömürü** mangál kömürü
Insektenspray	**sinek spreyi** ßinék ßprejí
Kerzen	**mum** mum
Korkenzieher	**tirbuşon** tirbuschón
Küchenrolle	**kağıt mutfak havlusu** ka:ət mutfák hawlußú
Kühltasche	**buzluk** buslúk
Löffel	**kaşık** kaschək
Messer	**bıçak** bətschák

Moskitospirale ... **spiral sivrisinek kovar** ßpiral ßiwrißinék kowar
Nähgarn ... **iplik** iplík
Nähnadel ... **dikiş iğnesi** dikísch i:neßí
Plastikbecher ... **plastik bardak** pláßtik bardák
Plastikbesteck ... **plastik sofra takımı** pláßtik ßofrá takəmə́
Reinigungsmittel ... **temizlik maddesi** temislík mad:eßí
Plastikteller ... **plastik tabak** pláßtik tabák
Schere ... **makas** makáß
Servietten ... **peçete** petscheté
Sicherheitsnadel ... **çengelli iğne** tschengel:i i:né
Spülmittel ... **deterjan** deterschán
Spültuch ... **kurulama bezi** kurulamá besí
Streichhölzer ... **kibrit** kibrít
Taschenlampe ... **el lambası** el lambaßə́
Taschenmesser ... **çakı** tschakə́
Tasse ... **fincan** findschán
Tauchsieder ... **daldırma ısıtıcı** daldərmá əßətədschə́
Teller ... **tabak** tabák
Thermosflasche ... **termos** térmoß
Topf ... **tencere** tendscheré
Verlängerungsschnur ... **uzatma kablosu** usatmá kabloßú
Wäscheklammern ... **mandal** mandál
Wäscheleine ... **çamaşır ipi** tschamaschər ipí

Waschpulver	çamaşır tozu tschamaschər tosú
Wecker	çalar saat tschalár ßa:t
Wischlappen	paspas bezi paßpáß besí

Optikfachgeschäft

Meine Brille ist kaputt.	Gözlüğüm kırıldı. göslü:ǘm kərəldə́.
Können Sie das reparieren?	Tamir edebilir misiniz? tá:mir edebilír-mißinis?
Ich möchte eine Sonnenbrille.	Güneş gözlüğü istiyorum. günésch göslü:ǘ ißtíjorum.
Ich brauche Eintageslinsen.	Günlük lens rica ediyorum. günlǘk lenß ridschá: edíjorum.
Ich bin kurzsichtig.	Ben miyopum. ben mijopúm.
Ich bin weitsichtig.	Ben hipermetropum. ben hipermetropúm.

Das könnten Sie hören:
Diyoptrileriniz ne kadar?
dijoptrilerinís né-kadar?
Wie viel Dioptrien haben Sie?

Ich habe links ... Dioptrien und rechts ... Dioptrien.	Sol gözüm ... ve sağ gözüm ... diyoptri. ßol gösűm ... we ßa: gösűm ... dijoptrí.
Ich habe eine Kontaktlinse verloren.	Kontak lensimin biri kayboldu. kontak lenßimín birí kajboldú.
Ich brauche Aufbewahrungslösung für ▸ Kontaktlinsen.	▸ kontak lens için koruyucu losyon istiyorum. ▸ konták lenß itschín korujudschú loßjón ißtíjorum.
▸ harte	▸ Sert ßért
▸ weiche	▸ Yumuşak jumuschák
Ich brauche Reinigungslösung für ▸ Kontaktlinsen.	▸ kontak lens için temizleme losyonu istiyorum. ▸ konták lenß itschín temislemé loßjonú ißtíjorum.
▸ harte	▸ Sert ßért
▸ weiche	▸ Yumuşak jumuschák

Tabakwaren

Eine Schachtel Zigaretten ▸ Filter, bitte.	Bir paket ▸ sigara lütfen. bir pakét ▸ ßigára lűtfen.
▸ mit	▸ filtreli filtrelí
▸ ohne	▸ filtresiz filtreßís
Ein Päckchen ▸ , bitte.	Bir paket ▸ tütünü lütfen. bir pakét ▸ tütünű lűtfen.

▸Pfeifentabak	▸**pipo** pípo
▸Zigarettentabak	▸**sigara** ßigára
Eine Schachtel ..., bitte.	**Bir paket ... lütfen.** bir pakét ... lűtfen.
Eine Stange ..., bitte.	**Bir karton ... lütfen.** bir kartón ... lűtfen.
Ein Feuerzeug, bitte.	**Bir çakmak lütfen.** bír tschakmák lűtfen.
Einmal Streichhölzer, bitte.	**Bir kutu kibrit lütfen.** bír kutu kibrít lűtfen.

Weitere Wörter

Aschenbecher	**kül tablası** kül táblaßə
E-Zigarette	**e-sigara** é-ßigára
Feuerzeug	**çakmak** tschakmák
Pfeife	**pipo** pípo
Pfeifenreiniger	**pipo temizleyici** pípo temislejidschí
Streichhölzer	**kibritler** kibritlér
Tabak	**tütün** tütűn
Zigaretten	**sigaralar** ßigaralár
Zigarillos	**sigarillolar** ßigaril:olár
Zigarren	**purolar** purolár

Aktivitäten

Sport & Wellness

Baden

Wo geht es zum Strand?	**Sahile nereden gidilir?** ßa:chilé néreden gidilír?
Gibt es hier Strömungen?	**Suda akıntı var mı?** ßudá akəntə wár-mə?
Ist es für Kinder gefährlich?	**Çocuklar için tehlikeli mi?** tschodschuklár itschín techlikelí-mi?
Wann ist ▸	**Ne zaman ▸** né-saman ▸
▸ Ebbe?	▸ **cezir?** dschesír?
▸ Flut?	▸ **met?** met?
Gibt es hier Quallen?	**Burada denizanası olur mu?** búrada denísanaßə olúr-mu?
Ich möchte ▸ ausleihen.	▸ **kiralamak istiyorum.** ▸ kira:lamák ißtíjorum.
▸ einen Sonnenschirm	▸ **Bir güneşşemsiyesi** bir günésch schemßijeßí
▸ ein Boot	▸ **Bir tekne** bir tekné
Ich möchte einen ▸ machen.	▸ **kursu yapmak istiyorum.** ▸ kurßú japmák ißtíjorum.
▸ Tauchkurs	▸ **Dalma** dalmá
▸ Windsurfkurs	▸ **Sörf** ßörf

Wie viel kostet es pro Stunde?	**Saati kaça?** ßa:tí katschá?
Wie viel kostet es pro Tag?	**Günlüğü kaça?** günlü:ű katschá?
Können Sie kurz auf meine Sachen aufpassen?	**Eşyalarıma kısa bir süre göz kulak olur musunuz?** eschja:larəmá kəßá bir ßüré gös-kulák olúr-mußunus?
Gibt es hier ein ►	**Burada ► yüzme havuzu var mı?** búrada ► jüsmé hawusú wár-mə?
► Freibad?	► **açık** atschák
► Hallenbad?	► **kapalı** kapalá
Gibt es auch ein Kinderbecken?	**Çocuklar için havuz da var mı?** tschodschuklár itschín hawús da wár-mə?
Ich möchte ► kaufen.	► **satın almak istiyorum.** ► ßatán almák ißtíjorum.
► eine Badekappe	► **Bir yüzme beresi** bir jüsmé bereßí
► eine Schwimmbrille	► **Bir yüzme gözlüğü** bir jüsmé göslü:ű
► ein Handtuch	► **Bir havlu** bir háwlu

Ich möchte ► ausleihen.	► kiralamak istiyorum. ► kira:lamák ißtíjorum.
► eine Badekappe	► Bir yüzme beresi bir jüsmé bereßí
► eine Schwimmbrille	► Bir yüzme gözlüğü bir jüsmé göslü:ű
► ein Handtuch	► Bir havlu bir háwlu
Wo sind die ►	► nerede? ► nérede?
► Duschen?	► Duşlar duschlár
► Umkleidekabinen?	► Soyunma kabinleri ßojunmá kabinlerí
Wo ist der Bademeister/die Bademeisterin?	Havuz sorumlusu nerede? chawús ßorumlußú nérede?
Wo ist die Erste-Hilfe-Station?	İlk yardım istasyonu nerede? ilk jardəm ißtaßjonú nérede?

Weitere Wörter

baden	denize girmek denisé girmék
Bootsverleih	tekne kiralanır tekné kira:lanər
Dusche	duş dusch
fischen	balık tutmak baləkˈtutmák
FKK-Strand	çıplaklar kampı tschəplaklár kampə

Handtuch	havlu hawlú
Kitesurfen	uçurtma sörfü utschurtmá ßörfű
Luftmatratze	şişme yatak schischmé jaták
Meer	deniz denís
Motorboot	motorlu tekne motórlu tekné
Muscheln	midye mídje
Nichtschwimmer	yüzme bilmeyen jüsmé bilmején
Rettungsring	cankurtaran simidi dschankurtarán ßimidí
Ruderboot	sandal ßandál
Sand	kum kum
Sandstrand	kumsal kumßál
Schatten	gölge gölgé
Schlauchboot	şişme bot schischmé bot
Schnorchel	şnorkel schnórkel
Schwimmbad	yüzme havuzu jüsmé hawusú
schwimmen	yüzmek jüsmék
Schwimmflossen	palet palét
Schwimmflügel	yüzme kolluğu jüsmé kol:u:ú
See	göl göl
Seeigel	denizkestanesi deniskeßtaneßí
Segelboot	yelkenli jelkenlí
segeln	yelkenliyle gitmek jelkenlíjle gitmék
Sonne	güneş günésch

Sonnenbrille	güneş gözlüğü günésch göslü:ű
Sonnencreme	güneş kremi günésch krémi
Spielwiese	oyun sahası ojún ßachaßə́
Sprungbrett	sıçrama tahtası ßətschramá tachtaßə́
Strandbad	plaj plasch
Strömung	akıntı akəntə́
Sturmwarnung	fırtına uyarısı fərtəná ujarəßə́
Surfbrett	sörf tahtası ßörf tachtaßə́
tauchen	dalmak dalmák
Taucheranzug	dalgıç elbisesi dalgə́tsch elbißeßí
Taucherausrüstung	dalgıç takımı dalgə́tsch takəmə́
Taucherbrille	dalgıç gözlüğü dalgə́tsch göslü:ű
Tretboot	deniz bisikleti denís bißikletí
Umkleidekabine	soyunma kabini ßojunmá kabiní
Wasser	su ßu
Wasserball	su topu ßu topú
Wasserski	su kayağı ßu kaja:ə́
Welle	dalga dalgá

Wellness

Gibt es hier ►	**Burada bir ► var mı?** búrada bir ► wár-mə?
► eine Therme?	► **kaplıca** kapladschá
► eine Sauna?	► **sauna** ßaúna
► ein Badehaus?	► **hamam** hamám
Ich hätte gerne einen Termin für ...	**... için randevu alabilir miyim?** ... itschín randewú alabilír-mijim?
Machen Sie ►	► **yapıyor musunuz?** ► japəjór-mußunus?
► Gesichts-massagen?	► **Yüz masajı** jüs maßaschə́
► Lymphdrainagen?	► **Lenf drenajı** lenf drenaschə́
Ich hätte gerne eine Gesichts-behandlung.	**Yüz bakımı yaptırmak istiyorum.** jüs bakəmə́ japtərmák ißtíjorum.
Ich möchte mir die ► färben lassen.	► **boyatmak istiyorum.** ► bojatmák ißtíjorum.
► Wimpern	► **Kirpiklerimi** kirpiklerimí
► Augenbrauen	► **Kaşlarımı** kaschlarəmə́
Bitte eine ►	**Lütfen bir ►** lǘtfen bir ►
► Maniküre.	► **manikür.** manikǘr.
► Pediküre.	► **pedikür.** pedikǘr.

Weitere Wörter

Akupunktur	**akupuntur** akupuntúr
Algenbad	**yosun banyosu** joßún bánjoßu
Ampullenkur	**ampul kürü** ampúl kürű
Aromaöl	**aroma yağı** aromá jaːə
Ayurveda	**Ayurveda masajı** ajurwedá maßaschə
Dampfbad	**buhar banyosu** buchár bánjoßu
Dekolleté	**dekolte bakımı** dekolté bakəmə
Entschlackung	**cüruftan arınma** dschüruːftán arənmá
Fango	**fango** fangó
Feuchtigkeitsmaske	**nemlendirici maske** nemlendiridschí maßké
Fußreflexzonen-massage	**refleksoloji** reflekßoloschí
Gesicht	**yüz** jüs
Hals	**boğaz** boːás
Hautdiagnose	**cilt teşhisi** dschilt teschchißí
Kneipp-Anwendung	**Kneipp terapisi** knaip terapißí
Lymphdrainage	**lenf drenajı** lenf drenaschə
Maske	**maske** maßké
Massage	**masaj** maßásch
Meditation	**meditasyon** meditaßjón
Packung	**paket** pakét

Peeling	peeling pi:líng
Reinigung	temizleme temislemé
Sauna	sauna ßaúna
Schlammbad	çamur banyosu tschamúr bánjoßu
Solarium	solaryum ßolárjum
Thermalbad	kaplıca hamam kápləd͜scha hamám
Wechselbäder	sıcak-soğuk dönüşümlü banyo ßəd͜schák-ßo:úk dönüschümlǘ bánjo
Whirlpool	buhar banyosu buchár bánjoßu
Yoga	yoga jogá

Ballspiele

Wir hätten gern einen Squashcourt für eine halbe Stunde.	Yarım saatliğine duvar topu sahası kiralamak istiyoruz. jarəm ßa:tli:iné duwár topú ßachaßə́ kiralamák ißtíjorus.
Wir hätten gern einen ► für eine Stunde.	Bir saatliğine ► sahası kiralamak istiyoruz. bir ßa:tli:iné ► ßachaßə́ kiralamák ißtíjorus.
►Tennisplatz	►tenis teníß
►Badmintonplatz	►badminton bádminton

Wo kann man hier ▸ spielen?	Burada nerede ▸ oynanabilir? búrada nérede ▸ ojnanabilír?
▸Bowling	▸bowling bówling
▸Billard	▸bilardo bilardó
Ich möchte ... ausleihen.	... kiralamak istiyorum. ... kira:lamák ißtíjorum.

Weitere Wörter

Badminton	badminton bádminton
Ball	top top
Basketball	basketbol baßketból
Beachvolleyball	beach voleybol bi:tsch wolejból
Boule-Kugel	petank petánk
Federball (Spiel)	badminton bádminton
Fußballspiel	futbol futból
gewinnen	kazanmak kasanmák
Golf	golf golf
Golfplatz	golf sahası golf ßachaßə
Golfschläger	golf sopası golf ßopaßə
Handball	hentbol hentból
Kegelbahn	bowling pisti bówling pißtí
Mannschaft	takım takəm
Minigolfplatz	minigolf sahası minigólf ßachaßə
Sieg	galibiyet galibijét

Spiel	oyun ojún
spielen	oynamak ojnamák
Spielplatz	çocuk parkı tschodschúk parkə
Squash	duvar topu oyunu duwár topú ojunú
Squashschläger	duvar topu raketi duwár topú raketí
Tennis	tenis teníß
Tennisschläger	tenis raketi teníß raketí
Tischtennis	masatenisi maßatenißí
Tor (Treffer)	gol gol
Tor	kale kalə
unentschieden	berabere bera:beré
verlieren	yenilmek jenilmék
Volleyball	voleybol wolejból

Wandern

Ich möchte nach ... wandern.
... -e gezi yapmak istiyorum.
... -e gesí japmák ißtíjorum.

Ich möchte auf den ... steigen.
... -e tırmanmak istiyorum.
... -e tərmanmák ißtíjorum.

Können Sie mir eine leichte Tour empfehlen?
Bana az zahmetli bir tur tavsiye eder misiniz? bána as sachmetlí bir tur tawßijé edér-mißinis?

Können Sie mir eine mittelschwere Tour empfehlen?	Bana pek zahmetli olmayan bir tur tavsiye eder misiniz? bána pek sachmetlí ólmajan bir tur tawßijé edér-mißinis?
Wie lange dauert sie ungefähr?	Ne kadar sürer tahminen? né-kadar ßürér tachminén?
Ist der Weg gut markiert?	Yol iyi işaretlenmiş mi? jol ijí ischaretlenmísch mi?
Ist der Weg gut gesichert?	Yol güvenli mi? jol güwenlí mi?
Kann man unterwegs einkehren?	Yol üzerinde lokanta var mı? jol üserindé lokánta wár-mə?
Gibt es geführte Touren?	Rehberli turlar var mı? rechberlí turlár wár-mə?
Um wie viel Uhr fährt die letzte Bahn hinunter?	Son teleferik aşağıya saat kaçta hareket ediyor? ßon teleferík ascha:əjá ßa:t katschtá harekét edíjor?
Sind wir auf dem richtigen Weg nach ...?	Bu yol ... -e gider mi? bu jól ... -e gidér-mi?
Wie weit ist es noch bis ...?	... -e daha çok var mı? ... -e dachá tschok wár-mə?

Weitere Wörter

Berg	dağ da:
Bergführer(in)	dağ kılavuzu da: kəlawusú
Bergschuhe	dağ ayakkabısı da: ajak:abəßə́
Bergsteigen	dağa çıkma da:á tschəkmá
Bergwacht	dağ kurtarma servisi da: kurtarmá ßerwißí
Gipfel	zirve sírwe
Hütte	dağ evi da: ewí
joggen	jogging yapmak dschóging japmák
Jogging	jogging dschóging
klettern	tırmanmak tərmanmák
Proviant	erzak ersá:k
Schlucht	yar jar
Schutzhütte	kulübe kulübé
schwindelfrei sein	yüksekte başı dönmemek jükßekté baschə́ dönmemék
Seil	ip ip
Seilbahn	teleferik teleferík
Sessellift	telesiyej teleßijésch
Teleskopstöcke	teleskobik batonlar teleßkobík batonlár
Wanderkarte	gezi haritası gesí haritaßə́
wandern	doğa yürüyüşü yapmak do:á jürüjüschű japmák
Wanderweg	patika pátika

Rad fahren

Ich möchte ein ► mieten.	**Bir ► kiralamak istiyorum.** bir ► kira:lamák ißtíjorum.
► Fahrrad	► **bisiklet** bißiklét
► E-Bike	► **elektrikli bisiklet** eléktrikli bißikletí
► Mountainbike	► **dağ bisikleti** da: bißikletí
Ich hätte gern ein Fahrrad mit ... Gängen.	**... vitesli bir bißiklet istiyorum.** ... witeßlí bir bißiklét ißtíjorum.
Haben Sie auch ein Fahrrad mit Rücktritt?	**Kontra frenli bisiklet var mı?** kontrá frenlí bißiklét wár-mə?
Ich möchte es für ► mieten.	**► kiralamak istiyorum.** ► kira:lamák ißtíjorum.
► einen Tag	► **Bir günlüğüne** bir günlü:üné
► zwei Tage	► **İki günlüğüne** ikí günlü:üné
► eine Woche	► **Bir haftalığına** bir haftalə:əná
Bitte stellen Sie mir die Sattelhöhe ein.	**Selenin yüksekliğini ayarlayabilir misiniz?** ßelenín jüksekli:iní ajarlajabilír-mißinis?
Bitte geben Sie mir einen Fahrradhelm.	**Lütfen bana bir bisikletçi kaskı verin.** lǘtfen bána bir bißiklettschí kaßkə werín.

Haben Sie eine Fahrradkarte?	**Sizde bisiklet haritası var mı?** ßisdé bißiklét haritaßə wár-mə?
Kann ich einen Kinderfahrradsitz ausleihen?	**Bisiklet için çocuk koltuğu kiralayabilir miyim?** bißiklét itschín tschodschúk koltu:ú kiralajabilír-mijim?

Weitere Wörter

Akku	**akü** akű
Fahrradflickzeug	**bisiklet lastik yama seti** bißiklét laßtík jamá ßetí
Fahrradkorb	**bisiklet sepeti** bißiklét ßepetí
Handbremse	**el freni** el frení
Kinderfahrrad	**çocuk bisikleti** tschodschúk bißikletí
Kindersitz	**çocuk koltuğu** tschodschúk koltu:ú
Licht	**ışık** əschák
Luftpumpe	**hava pompası** hawá pompaßə
Radweg	**bisiklet yolu** bißiklét jolú
Reifen	**lastik** laßtík
Reifenpanne	**lastik patlaması** laßtík patlamaßə
Sattel	**sele** ßelé
Satteltaschen	**bisiklet çantası** bißiklét tschantaßə

Schlauch	iç lastik itsch laßtík
Tacho	tako táko
Ventil	subap ßubáp
Vorderlicht	ön ışık ön əschək

Adventure-Sports

Ausritt	ata biniş áta binísch
Ballonfahrt	balonla uçma balónla utschmá
Bungee-Jumping	bungee atlama bándschi: atlamá
Drachenfliegen	delta kanatla uçma deltá kanátla utschmá
Fallschirmspringen	paraşütle atlama paraschűtle atlamá
Freeclimbing	serbest stil tırmanma ßerbéßt ßtil tərmanmá
Gleitschirmfliegen	yamaç paraşütüyle uçma jamátsch paraschütűjle utschmá
Kajak	su kayağı ßu kaja:ə
Kanu	kano kanó
Kitesurfen	uçurtma sörfü utschurtmá ßörfű
Rafting	rafting raftíng
reiten	ata binmek atá binmék
Segelfliegen	planörle uçmak planőrle utschmák

Segelflugzeug	**planör** planőr
segeln	**yelkenliyle gitmek** jelkenlíjle gitmék

Besichtigungen

Touristeninformation

Wo ist die Touristeninformation?	**Turizm danışma bürosu nerede?** turísm danəschmá büroßú nérede?
Ich möchte ►	► **istiyorum.** ► ißtíjorum.
► einen Plan von der Umgebung.	► **Çevre haritası** tschéwre haritaßə
► einen Stadtplan.	► **Şehir planı** schechír planə́
► einen U-Bahn-Plan.	► **Metro haritası** metró haritaßə́
► einen Veranstaltungskalender.	► **Etkinlik takvimi** etkinlík takvimí
Haben Sie auch Prospekte auf Deutsch?	**Almanca broşürünüz de var mı?** almándscha broschürünű́s de wár-mə?
Gibt es ►	**Şehir ► düzenleniyor mu?** schechír ► düsenlenijór-mu?
► Stadtrundfahrten?	► **turları** turlarə́
► Stadtführungen?	► **gezileri** gesilerí

Was kostet die ▸	▸ **fiyatı ne kadar?** ▸ fijatə né-kadar?
▸ Rundfahrt?	▸ **Tur** tur
▸ Führung?	▸ **Gezi** gesí
Bitte ▸ für die Stadtrundfahrt.	**Şehir turu için ▸ lütfen.** schechír turú itschín ▸ lűtfen.
▸ eine Karte	▸ **bir bilet** bir bilét
▸ zwei Karten	▸ **iki bilet** iki bilét
Welche Sehenswürdigkeiten gibt es hier?	**Burada görülmeye değer neler var?** búrada görülmejé de:ér néler war?
Wann ist ... geöffnet?	**... ne zaman açık?** ... né-saman atschək?
Bitte für den Ausflug morgen nach ... einen Platz.	**Yarınki ... gezisi için bir kişilik yer istiyorum.** jarənki ... gesißí itschín bir kischilík jer ißtíjorum.
Bitte für den Ausflug morgen nach ... zwei Plätze.	**Yarınki ... gezisi için iki kişilik yer istiyorum.** jarənki ... gesißí itschín íki kischilík jer ißtíjorum.
Wann treffen wir uns?	**Ne zaman buluşuyoruz?** né-saman buluschújorus?
Wo treffen wir uns?	**Nerede buluşuyoruz?** nérede buluschújorus?

Besichtigen wir auch ...?	... de gezecek miyiz? ... de gesedschék-mijis?

Besichtigungen

Wann ist ... geöffnet?	... ne zaman açık? ... né-saman atschək?
Wie viel kostet ►	► ücreti ne kadar? ► üdschretí né-kadar?
► der Eintritt?	► Giriş girísch
► die Führung?	► Rehberlik rechberlík
Gibt es auch Führungen auf Deutsch?	Almanca rehber var mı? almándscha rechbér wár-mə?
Wann beginnt die Führung?	Tur ne zaman başlıyor? tur né-saman baschləjór?
Gibt es eine Ermäßigung für ►	► için indirim var mı? ► itschín indirím wár-mə?
► Familien?	► Aile ailé
► Kinder?	► Çocuklar tschodschuklár
► Senioren/-innen?	► Yaşlılar jaschləlár
► Studenten/-innen?	► Öğrenciler ö:rendschilér
Eine Karte bitte.	Bir bilet lütfen. bir bilét lǘtfen.

Zwei Karten bitte.	**İki bilet lütfen.** íki bilét lǘtfen.
Zwei Erwachsene, zwei Kinder, bitte.	**İki büyük, iki çocuk için lütfen.** íki büjǘk, íki tschodschúk itschín lǘtfen.
Haben Sie einen ► ►Katalog? ►Führer?	**► var mı?** ► wár-mə? **►Kataloğunuz** katalo:unús **►Kılavuzunuz** kəlawusunús
Ich hätte gern einen Audioguide ► ►auf Deutsch. ►auf Englisch.	**► bir sesli rehber cihaz rica ediyorum.** ► bir ßeßlí rechbér dschichás ridschá: edíjorum. **►Almanca** almándscha **►İngilizce** ingilísdsche
Darf man fotografieren?	**Resim çekmek serbest mi?** reßím tschekmék ßerbéßt-mi?
Können Sie bitte ein Foto von ► machen? ►mir ►uns	**Pardon, ► çeker misiniz?** pardón, ► tschekér-mißinis? **►fotoğrafımı** foto:ráfəmə **►fotoğrafımızı** foto:ráfəməzə
Was für ein ► ist das? ►Gebäude ►Denkmal	**Bu ne ►** bu né ► **►binası?** binaßə́? **►anıtı?** anətə́?

Weitere Wörter

Altar (Opferaltar)	**sunak** ßunák
Altertum	**eskiçağ** eßkítscha:
Altstadt	**eskişehir** eßkí schechír
Amphitheater	**açık hava tiyatrosu** atschәk hawá tijatroßú
antik	**antik** antík
Antike	**antikçağ** antíktscha:
Aquädukt	**su kemeri** ßu kemerí
Aquarell	**suluboya resim** ßulúboja reßím
Archäologie	**arkeoloji** arkeoloschí
Architekt(in)	**mimar** mimár
Architektur	**mimarlık** mimarlәk
Arena	**arena** aréna
armenisch	**Ermeni** érmeni
Ausflug	**gezi** gesí
Ausgrabungen	**kazı** kasә
Aussicht	**manzara** mansará
Ausstellung	**sergi** ßergí
Basar für wertvolle Waren	**bedesten** bedeßtén
Basilika	**bazilika** basílika
Bauwerk	**mimari eser** mimá:ri: eßér
besichtigen	**gezmek** gesmék
Bibliothek	**kütüphane** kütüpchá:ne
Bild	**resim** reßím

Bildhauer(in)	**heykeltraş** hejkeltrásch
Blütezeit	**altın çağı** áltən tscha:á
Bosporus	**Boğaz** bo:ás
Botanischer Garten	**botanik bahçesi** botaník báchtscheßi
Bronze	**tunç** tuntsch
Brücke	**köprü** köprű
Brunnen	**çeşme** tscheschmé
Burg	**hisar** hißár
Büste	**büst** büßt
byzantinisch	**Bizans dönemi** bisánß dönemí
christlich	**Hristiyan** hristiján
Dach	**çatı** tschatá
Decke	**tavan** tawán
Denkmal	**anıt** anát
Denkmalschutz	**tarihi eserleri koruma** tá:richi: eßerlerí korumá
Derwisch	**derviş** dérwisch
Derwischkloster	**dergah** dergách
Design	**tasarım** taßarám
dorisch	**dorik** dórik
Dynastie	**hanedan** hanedán
Empfangsräume	**selamlık** ßelamlák
Epoche	**devir** dewír
Eroberer	**fatih** fá:tich
Familienräume	**haremlik** haremlík
Fassade	**ön cephe** ön dschephé

Fenster	**pencere** péndschere
Festung	**kale** kalé
filmen	**film çekmek** film tschekmék
Fluss	**nehir** nehír
Fotografie	**fotoğraf** foto:ráf
fotografieren	**resim çekmek** reßím tschekmék
Fremdenführer, -führerin	**rehber** rechbér
Fresko	**fresk** freßk
Friedhof	**mezarlık** mesarlək
Führung	**rehberlik** rechberlík
Funde	**buluntu** buluntú
Fußgängerzone	**yaya bölgesi** jajá bölgeßí
Galerie	**galeri** galerí
Garten	**bahçe** báchtsche
Gebäude	**bina** biná:
Gebirge	**sıradağ** ßəráda:
Gedenkstätte	**abide** abidé
Gegend	**civar** dschiwár
Gemälde	**resim** reßím
Gemäldesammlung	**resim koleksiyonu** reßím kolekßijonú
geöffnet	**açık** atschək
Geschichte (Historie)	**tarih** ta:rích
geschlossen	**kapalı** kapalə
Glas	**bardak** bardák

Glocke	çan tschan
Gobelin	goblen halısı goblén haləßə
Goldenes Horn	Haliç halítsch
Gottesdienst (christlich)	ayin ájin
Grab	mezar mesár
Grabmal	türbe türbé
Griechen	Yunanlılar junanlələr
Hafen	liman limán
Halbinsel	yarımada jarəmada
Hauptstadt	başkent báschkent
Haus	ev ew
Hethiter	Hititliler hititlilér
Hof	avlu áwlu
Höhle	mağara ma:ará
Holzschnitt	tahta oyma táchta ojmá
Innenstadt	şehir merkezi schechír merkesí
Inschrift	yazıt jasə́t
Insel	ada adá
Intarsien	kakma kákma
ionisch	İyonik íjonik
Jahrhundert	yüzyıl jǘsjəl
Jugendstil	art nouveau a:r-nuwó:
Justizgebäude	adliye sarayı adlijé ßarajə́
Kaiser(in)	imparator(içe) imparatór(ítsche)
Kalligrafie	hat sanatı hát ßanatə́

Kalligraf(in)	hattat hát:at
Kapitell	başlık baschlək
Karawanserei	kervansaray kerwánßaraj
Katakomben	katakomplar katakomplár
Katalog	katalog katalóg
Keramik	seramik ßerámik
Kirche	kilise kilíße
Kirchturm	kilise kulesi kilíße kuleßí
Klassizismus	klasisizm klaßißísm
Kloster	manastır mánaßtər
Konfession	mezhep meshép
König(in)	kral(içe) kral(ítsche)
Kopie	kopya kópja
korinthisch	Korent düzeni korént düzení
Kunst	sanat ßanát
Künstler(in)	sanatçı ßanatschə́
Kuppel	kubbe kúb:e
Kuppelbau	kümbet kümbét
Landschaft	kırsal manzara kərßál mansará
Lydien	Lidya lídja
Lykien	Likya líkja
Maler(in)	ressam reß:ám
Malerei	resim sanatı reßím ßanatə́
Markthalle	pazar yeri pasár jerí
Marmor	mermer mermér
Mauer	duvar duwár

Mausoleum	**anıt mezar** anət mesár
Miniaturmalerei	**minyatür** minjatǘr
Mittelalter	**ortaçağ** ortátscha:
modern	**modern** modérn
Mosaik	**mozaik** mosaík
Moschee	**cami** dschá:mi
Museum	**müze** müsé
Nationalpark	**milli park** míl:i park
Naturschutzgebiet	**doğal koruma alanı** do:ál korumá alanə́
Obelisk	**dikilitaş** dikilítasch
Öffnungszeiten	**açılış-kapanış saatleri** atschələ́sch-kapanə́sch ßa:tlerí
Ölmalerei	**yağlıboya resim** ja:ləbojá reßím
Opernhaus	**opera binası** ópera bina:ßə́
Orden (Derwisch-)	**tarikat** tarikát
Original	**orjinal** orschinál
Osmanen	**Osmanlılar** oßmanləlár
Palast	**saray** ßaráj
Park	**park** park
Passübergang	**dar geçit** dar getschít
Pavillon	**köşk** köschk
Plakat	**afiş** afísch
Plan	**plan** plan
Plastik	**plastik** plaßtík
Portal	**taçkapı** tátschkapə

Porträt	**portre** portré
Postkarte	**kartpostal** kartpoßtál
Prospekt	**broşür** broschűr
Rabbiner	**haham** hachám
Radierung	**ofort** ofórt
Rasthaus (historisch)	**han** han
Rathaus	**belediye binası** belediјé binaßə́
Rekonstruktion	**rekonstrüksiyon** rekonßtrükßijón
Relief	**kabartma** kabartmá
Renaissance	**rönesans** rönéßanß
restaurieren	**onarmak** onarmák
Restaurierung	**onarım** onarə́m
Romanik	**Roman sanatı** román ßanatə́
Romantik	**romantizm** romantísm
Römer	**Romalılar** romaləlár
römisch	**Latin** latín
Rosette	**rozet** rosét
Ruine	**harabe** hará:be
Rundfahrt	**tur** tur
Saal	**salon** ßalón
Sammlung	**koleksiyon** kolekßijón
Sand	**kum** kum
Sandstein	**kumtaşı** kúmtaschə
Sarkophag	**lahit** lachít
Säule	**sütun** ßütú:n

Schatzkammer	hazine hasí:ne
Schloss	saray ßaráj
Schlösschen	kasır kaßər
Schlucht	kanyon kanjón
Schnitzerei	oymacılık ojmadschələk
See	göl göl
Sehenswürdigkeiten	görülmeye değer yerler görülmejé de:ér jerlér
Seilbahn	teleferik teleferík
Seldschuken	Selçuklular ßeltschuklulár
Skulptur	heykel hejkél
Sockel	kaide kaidé
Sommervilla	yazlık villa jáslək wíl:a
Stadion	stadyum ßtadjúm
Stadt	şehir schechír
Stadtmauer	şehir surları schechír ßurlarə
Stadtrundfahrt	şehir turu schechír turú
Stadtteil	semt ßemt
Stadttor	şehir kapısı schechír kapəßə́
Stadtzentrum	şehir merkezi schechír merkesí
Statue	heykel hejkél
Staudamm	baraj barásch
Stausee	gölet gölét
Sternwarte	rasathane raßátchane
Stil	üslup üßlú:p
Sultanssiegel	tuğra tu:rá
Synagoge	sinagog ßinagóg

Tal	vadi wá:di:
Tempel	tapınak tapənák
Theater	tiyatro tijátro
Töpferei	çömlekçilik tschömlektschilík
Tor	kapı kapə́
Tropfsteinhöhle	damlataş mağarası damlátasch ma:araßə́
Tuffkegel	peribacası períbadschaßə
Turm	kule kulé
Überreste	kalıntı kaləntə́
Umgebung	civar dschiwár
Universität	üniversite üniwérßite
Vase	vazo wasó
Volkskundemuseum	etnoloji müzesi etnoloschí müseßí
Vulkan	volkan wolkán
Wald	orman ormán
Wallfahrtsort	ziyaretgah sijaretgách
Wandmalerei	duvar resmi duwár reßmí
Wappen	arma armá
Weingarten	üzüm bağı üsǘm ba:ə́
Werk	eser eßér
Wüste	çöl tschöl
Zeichnung	resim reßím
Zisterne	sarnıç ßarnə́tsch
Zitadelle	iç kale itsch kalé
Zoo	hayvanat bahçesi hajwánat bachtscheßí

Unterhaltung

Kulturveranstaltungen

Welche Veranstaltungen finden diese Woche statt?	**Bu hafta hangi tür etkinlikler var?** bu háfta hángi tür etkinliklér war?
Was wird heute gespielt?	**Bugün ne oynuyor?** búgün ne ojnújor?
Wann beginnt ►	► **ne zaman başlıyor?** ► né-saman baschləjor?
► die Vorstellung?	► **Program** prográm
► das Konzert?	► **Konser** konßér
► der Film?	► **Film** film
Wie viel kostet eine Karte?	**Biletler ne kadar?** biletlér né-kadar?
Gibt es eine Ermäßigung für ►	► **için indirim var mı?** ► itschín indirím wár-mə?
► Kinder?	► **Çocuklar** tschodschuklár
► Senioren/-innen?	► **Yaşlılar** jaschləlár
► Studenten/-innen?	► **Öğrenciler** ö:rendschilér
Haben Sie noch Karten für ►	► **için daha bilet var mı?** ► itschín dachá bilét wár-mə?
► heute?	► **Bugün** búgün
► morgen?	► **Yarın** járən

Bitte zwei Karten für ▸	▸ için iki bilet verir misiniz lütfen? ▸ itschín íki bilet werír-mißinis lǘtfen?
▸ heute.	▸ Bugün búgün
▸ heute Abend.	▸ Bugün akşam búgün akschám
▸ morgen.	▸ Yarın járən
▸ die Vorstellung um ... Uhr.	▸ Saat ... -deki program ßa:t ... -dekí prográm
Sind die Plätze nummeriert?	Yerler numaralı mı? jerlér numaralə́-mə?
Wann ist die Vorstellung zu Ende?	Program ne zaman bitiyor? prográm né-saman bitíjor?
Ich möchte ein Opernglas ausleihen.	Opera dürbünü kiralamak istiyorum. ópera dürbünǘ kiralamák ißtíjorum.

Weitere Wörter

Ballett	bale balé
Festspiele	festival feßtiwál
Folkloreabend	folklör gösterisi fólklör gößteríßí
Freilichtbühne	açık hava tiyatrosu atschə́k hawá tijatroßú
Garderobe	vestiyer weßtijér
Kino	sinema ßínema

Kasse	bilet gişesi bilét gischeßí
Musical	müzikal müsikál
Oper	opera opéra
Operette	operet operét
Orchester	orkestra orkéßtra
Pause	ara ará
Platz	yer jer
synchronisiert	senkronize edilmiş ßenkronisé edilmísch
Theater	tiyatro tijátro
Untertitel	altyazı áltjasə
Zirkus	sirk ßirk

Ausgehen

Was kann man hier abends unternehmen?
Akşamları burada nerelere gidilebilir?
akschamlarə búrada nérelere gidilebilír?

Gibt es hier ►
Bu civarda ► var mı?
bu dschiwardá ► wár-mə?

► eine nette Kneipe?
► iyi bir bar ijí bir bar

► einen angesagten Club?
► ünlü bir gece kulübü
ünlű bir gedsché kulübü

Wo kann man hier tanzen gehen?
Dans etmek için burada nereye gidilebilir? danß etmék itschín búrada néreje gidilebilír?

Ist hier noch frei?	**Burası boş mu?** búraßə bósch-mu?
Darf ich Sie | dich zu einem Glas Wein einladen?	**Size | Sana bir bardak şarap ikram edebilir miyim?** ßisé | ßaná bir bardák schárap ikrá:m edebilír-mijim?
Darf ich Sie | dich (zu einem Drink) einladen?	**Sizi | Seni (bir içki içmeye) davet edebilir miyim?** ßií | ßení (bir itschkí itschmejé) da:wét edebilír-mijim?
Was möchten Sie | möchtest du trinken? ▸ *Essen & Trinken, S. 78*	**Ne içmek istersiniz | istersin?** ne itschmék ißterßinís | ißterßín?
Das Gleiche noch mal, bitte.	**Tekrar aynısından lütfen.** tekrár ajnəßəndán lǘtfen.
Möchten Sie tanzen gehen?	**Dansa gitmek ister misiniz?** danßá gitmék ißtér mißinis?
Möchtest du tanzen gehen?	**Dansa gitmek ister misin?** danßá gitmék ißtér mißin?
Können Sie mir ein Taxi rufen?	**Bana bir taksi çağırır mısınız?** bána bir tákßi tscha:rər-məßənəs?

Gut zu wissen

Notruf

Hilfe!	**İmdat!** imdá:t!
Es ist ein Unfall passiert!	**Bir kaza oldu.** bir kasá: oldú.
Rufen Sie bitte einen ►	**Bir ► çağırın lütfen!** bir ► tscha:ərán lǘtfen!
► Krankenwagen!	► **ambulans** ambulánß
► Notarzt!	► **acil doktoru** a:dschíl doktorú
Bitte helfen Sie!	**Lütfen yardım ediniz!** lǘtfen jardə́m edinís!
... Personen sind (schwer) verletzt.	**... kişi (ağır) yaralı.** ... kischí (a:ə́r) jarálə.
Wohin bringen Sie ihn?	**Nereye götüreceksiniz onu?** néreje götüredschékßinis onú?
Wohin bringen Sie sie?	**Nereye götüreceksiniz onu?** néreje götüredschékßinis onú?
Ich möchte mitkommen.	**Ben de birlikte gelmek istiyorum.** ben de birlikté gelmék ißtíjorum.

Info Die Notrufnummern sind landesweit gleich: Feuerwehr 110, Notarzt 112 und Polizei 155.

Polizei

Wo ist das nächste Polizeirevier?	**En yakın polis karakolu nerede?** en jakən poliß karakolú nérede?
Ich möchte ► anzeigen.	**► bildirmek istiyorum.** ► bildirmék ißtíjorum.
► einen Diebstahl	**► Bir hırsızlık olayını** bir hərßəslək olajənə́
► einen Überfall	**► Bir soygun olayını** bir ßojgún olajənə́
► eine Vergewaltigung	**► Bir tecavüz olayını** bir tedschawǘs olajənə́
Man hat mir meine Handtasche gestohlen.	**El çantam çalındı.** el tschantám tschaləndə́.
Man hat mir mein Portemonnaie gestohlen.	**Cüzdanım çalındı.** dschüsdanə́m tschaləndə́.
Ich habe ... verloren.	**... kaybettim.** ... kajbet:ím.
Mein Auto ist aufgebrochen worden.	**Arabam soyuldu.** arabám ßojuldú.
Ich bin betrogen worden.	**Dolandırıldım.** dolandərəldə́m.

Ich bin zusammengeschlagen worden.	**Saldırıya uğradım.** ßaldərəjá u:radəm.
Ich brauche eine Bescheinigung für meine Versicherung.	**Sigortama vermek için bir belge istiyorum.** ßigortamá wermék itschín bir belgé ißtíjorum.
Ich möchte mit meinem ▸ sprechen.	▸ **görüşmek istiyorum.** ▸ görüschmék ißtíjorum.
▸ Anwalt / meiner Anwältin	▸ **Avukatımla** awukatə́mla
▸ meinem Konsulat	▸ **Konsolosluğumla** konßoloßlu:úmla
Ich bin unschuldig.	**Ben suçsuzum.** ben ßutschßúsum.

Das könnten Sie hören:

Şu formu doldurunuz lütfen.
schu fórmu dóldurunus lű́tfen.
Füllen Sie bitte dieses Formular aus.

Kimlik belgeniz lütfen.
kimlík belgenís lű́tfen.
Ihren Ausweis bitte.

Olay ne zaman oldu?
oláj né-samán oldú?
Wann ist es passiert?

Olay nerede oldu?
oláj nérede oldú?
Wo ist es passiert?

Konsolosluğunuza başvurunuz lütfen.
konßoloßlu:unusá baschwúrunus lűtfen.
Wenden Sie sich bitte an Ihr Konsulat.

Weitere Wörter

Anzeige	**ihbar** ichbár
belästigen	**sarkıntılık etmek** ßarkəntələk etmék
Botschaft (diplomatische Vertretung)	**elçilik** eltschilík
Dieb(in)	**hırsız** hərßəs
Falschgeld	**sahte para** ßáchte pará
Fundbüro	**kayıp eşya bürosu** kajəp eschjá: büroßú
Polizei	**polis** políß
Polizist(in)	**polis memuru** políß memurú
Portemonnaie	**para cüzdanı** pará dschüsdanə
Rauschgift	**uyuşturucu** ujuschturudschú
Taschendieb(in)	**yankesici** jankeßidschí
Unfall	**kaza** kasá
verhaften	**tutuklamak** tutuklamák
Zeuge, Zeugin	**şahit** schachít

Gesundheit

Apotheke

Wo ist die nächste Apotheke (mit Nachtdienst)?
En yakın (nöbetçi) eczane nerede?
en jakən (nöbettschí) edschsá:ne nérede?

Haben Sie etwas gegen ...?
‣ *Krankheiten, Beschwerden, S. 192*
... karşı ilacınız var mı?
... karschə iladschənəs wár-mə?

Ich brauche dieses Medikament.
Bu ilacı istiyorum.
bu iladschə ißtíjorum.

Das könnten Sie hören:

Bu ilaç reçeteye tabidir.
bu ilátsch retschetejé ta:bídir.
Dieses Medikament ist rezeptpflichtig.

Bu ilaç bizde yok.
bu ilátsch bísde jok.
Das haben wir nicht da.

Bu ilacı sipariş etmemiz gerekli.
bu iladschə ßiparísch etmemís gereklí.
Wir müssen es bestellen.

Wann kann ich es abholen?
Ne zaman alabilirim?
né-saman alabilírim?

Medikamente

Abführmittel	müshil	müßchíl
Antibiotikum	antibiyotik	antibijótik
Augentropfen	göz damlası	gös damlaßə́
Beruhigungsmittel	sakinleştirici ilaç	ßakinleschtiridschí ilátsch
Desinfektionsmittel	dezenfektan	desenfektán
Elastikbinde	elastik bandaj	eláßtik bandásch
fiebersenkendes Mittel	ateş düşürücü ilaç	atésch düschürüdschǘ ilátsch
Fieberthermometer	termometre	termométre
Halsschmerztabletten	boğaz pastili	bo:ás paßtilí
homöopathisch	homöopatik	homöopatík
Hustensaft	öksürük şurubu	ökßürǘk schurubú
Insulin	ensülin	enßülín
Jod	iyot	ijót
Kohletabletten	kömür hapları	kömǘr haplarə́
Kondome	prezervatif	preserwatíf
Kopfschmerztabletten	baş ağrısı hapı	basch a:rəßə́ hapə́
Kreislaufmittel	kan dolaşımı ilacı	kan dolaschəmə́ iladschə́
Magentabletten	mide hapı	mí:de hapə́

Mittel gegen ...	**... karşı ilaç** ... karschə ilátsch
Mullbinde	**gazlı bez** gaslə bes
Nasentropfen	**burun damlası** burún damlaßə
Ohrentropfen	**kulak damlası** kulák damlaßə
Pflaster	**plaster** plaßtér
Rezept	**reçete** retscheté
Salbe	**merhem** merchém
Salbe gegen Mückenstiche	**sivrisinek sokmasına karşı merhem** ßiwrißinék ßokmaßəná karschə merchém
Salbe gegen Sonnenallergie	**güneş alerjisine karşı merhem** günésch alerschißiné karschə merchém
Salbe gegen Sonnenbrand	**güneş yanığına karşı merhem** günésch janəːəná karschə merchém
Schlaftabletten	**uyku hapı** ujkú hapə
Schmerzmittel	**ağrı ilacı** aːrə iladschə
Spritze	**iğne** iːné
Tabletten gegen ...	**... karşı hap** ... karschə hap
Tropfen	**damla** damlá
Verbandszeug	**sargı malzemesi** ßargə malsemeßí
Wundsalbe	**yara kremi** jará krémi
Zäpfchen	**fitil** fitíl

Arzt

Können Sie mir einen ► empfehlen?	Bana bir ► tavsiye eder misiniz? bána bir ► tawßijé edér-mißinis?
► praktischen Arzt	► doktor doktór
► Zahnarzt	► diş hekimi disch hekimí
Spricht er/sie ►	► biliyor mu? ► bilijór-mu?
► Deutsch?	► Almanca almándscha
► Englisch?	► İngilizce ingilísdsche
Wo ist die Praxis?	Muayenehanesi nerede? muajenechaneßí nérede?
Wann ist die Sprechstunde?	Görüşme saatleri ne zaman? görüschmé ßa:lerí né-saman?
Kann er/sie herkommen?	Buraya gelir mi? búraja gelír-mi?
Ich habe ►	Bende ► var. bendé ► war.
► Kopfschmerzen.	► baş ağrısı basch a:rəßə́
► Halsschmerzen.	► boğaz ağrısı bo:ás a:rəßə́
► hohes Fieber.	► yüksek ateş jükßék atésch
► Durchfall.	► ishal ißhá:l
Ich bin (stark) erkältet.	(Şiddetli) Üşüttüm. (schid:étli) üschüt:ǘm.
Mir ist schwindelig.	Başım dönüyor. baschə́m dönǘjor.

Mir tut ... weh.	**... ağrıyor.** ... aːrə́jor.
▸ *Körperteile, S. 189*	
Hier habe ich Schmerzen.	**Buram ağrıyor.** búram aːrə́jor.
Ich habe mich (mehrmals) übergeben.	**(Bir çok kez) Kustum.** (bir-tschók kes) kußtúm.
Ich habe mir den Magen verdorben.	**Midemi bozdum.** miːdemí bosdúm.
Ich bin ohnmächtig geworden.	**Bayıldım.** bajəldə́m.
Ich kann ... nicht bewegen.	**... hareket ettiremiyorum.** ... harekét etːirémijorum.
Ich bin verletzt.	**Yaralandım.** jaralandə́m.
Ich bin gestürzt.	**Düştüm.** düschtǘm.
Ich bin von ... gestochen worden.	**Beni ... soktu.** béni ... ßoktú.
Ich bin von ... gebissen worden.	**Beni ... ısırdı.** béni ... əßərdə́.
Ich bin gegen ... geimpft.	**... aşısı oldum.** ... aschəßə́ oldúm.

Ich bin nicht gegen ... geimpft.	... aşısı olmadım. ... aschəßə ólmadəm.
Ich bin allergisch gegen Penizillin.	Penisiline karşı alerjim var. penißiliné karschə alerschím war.
Mein Kind ist allergisch gegen Milchprodukte.	Çocuğumun süt ürünlerine alerjisi var. tschodschu:umún ßüt ürünleriné alerschißí wár.
Ich habe einen hohen Blutdruck.	Tansiyonum yüksek. tanßijonúm jükßék.
Ich habe einen niedrigen Blutdruck.	Tansiyonum düşük. tanßijonúm düschǘk.
Ich habe einen Herzschrittmacher.	Kalp pili taşıyorum. kalp píli taschəjorum.
Ich bin (im ... Monat) schwanger.	(... aylık) Hamileyim. (... ajlək) hamiléjim.
Ich bin Diabetiker(in).	Şeker hastasıyım. schekér haßtaßəjəm.
Ich nehme regelmäßig diese Medikamente.	Düzenli olarak bu ilaçları alıyorum. düsénli olarák bu ilatschlarə aləjorum.

Das könnten Sie hören:

Şikayetiniz nedir? — Was für Beschwerden haben Sie?
schika:jetinís nédir?

Nereniz ağrıyor? — Wo haben Sie Schmerzen?
nérenis a:rǝ́jor?

Acıyor mu? — Tut das weh?
adschǝjór-mu?

Dilinizi gösterin. — Zeigen Sie die Zunge.
dilinisí gößterín.

Üst kısmınızı soyunun
üßt kǝßmǝnǝsǝ́ ßojunún.
Machen Sie den Oberkörper frei.

Röntgen çekmemiz lazım.
röntgén tschekmémis la:sǝm.
Wir müssen Sie röntgen.

Derin nefes alın. Nefesinizi tutun.
derín neféß alǝ́n. nefeßinisí tutún.
Atmen Sie tief ein. Atem anhalten.

Ne zamandan beri buşikayetleriniz var?
né-samandan berí buschikajetlerinís war?
Wie lange haben Sie diese Beschwerden schon?

... aşısı oldunuz mu?
... aschəßə́ oldúnus-mu?
Sind Sie gegen ... geimpft?

Ameliyat olmanız gerekiyor.
ameliját olmanə́s gerekíjor.
Sie müssen operiert werden.

Ciddi bir şey değil.
dschid:í bir schéj de:íl.
Es ist nichts Ernstes.

Yarın sizi tekrar görmem lazım.
járən ßisí tékrar görmém la:sə́m.
Kommen Sie morgen wieder.

... gün içinde sizi tekrar görmem lazım.
... gün itschindé ßisí tékrar görmém la:sə́m.
Kommen Sie in ... Tagen wieder.

Können Sie mir ein Attest ausstellen? — **Bana rapor verebilir misiniz?** bána rapór werebilír-mißinis?

Muss ich noch einmal kommen? — **Bir kere daha gelmem gerekiyor mu?** bir keré dachá gelmém gerekijór-mu?

Ich brauche eine Quittung für meine Versicherung. — **Sigortam için bana bir makbuz verin lütfen.** ßigórtam itschín bána bir makbús werín lǘtfen.

Ärzte

Arzt, Ärztin	**doktor** doktór
Augenarzt	**göz doktoru** gös doktorú
Frauenarzt, Frauenärztin	**kadın hastalıkları doktoru** kadən haßtaləklarə doktorú
Hals-Nasen-Ohren-Arzt	**kulak-burun-boğaz doktoru** kulák-burún-bo:ás doktorú
Hautarzt	**cilt doktoru** dschilt doktorú
Heilpraktiker	**doğal tedavi uzmanı** do:ál tedá:wi usmanə́
Internist	**iç hastalıkları uzmanı** itsch haßtaləklarə́ usmanə́
Kinderarzt	**çocuk hastalıkları uzmanı** tschodschúk haßtaləklarə́ usmanə́
Orthopäde	**ortopedist** ortopedíßt
Urologe	**ürolog** ürológ
Zahnarzt	**diş hekimi** disch hekimí

Krankenhaus

Spricht hier jemand Deutsch?
Burada Almanca bilen biri var mı? búrada almándscha bilén birí wár-mə?

Ich möchte mit einem Arzt sprechen.
Doktorla konuşmak istiyorum. doktórla konuschmák ißtíjorum.

Ich möchte mich lieber in Deutschland operieren lassen.	Ben Almanya'da ameliyat olmak istiyorum. ben almánjada ameliját olmák ißtíjorum.
Ich habe eine Versicherung für den Rücktransport.	Almanya'ya naklim için sigortam var. almánjaja naklím itschín ßigortám war.
Bitte benachrichtigen Sie meine Familie.	Lütfen aileme haber verin. lűtfen ailemé habér werín.
Schwester/Pfleger, können Sie mir helfen?	Hemşire/hasta bakıcı, lütfen bana yardım eder misiniz? hemschiré/haßtá bákədschə, lűtfen bána jardəm edér-mißinis?
Geben Sie mir bitte etwas ▸	Bana ▸ verir misiniz? bána ▸ werír-mißinis?
▸ gegen die Schmerzen.	▸ ağrıkesici bir şey a:rə keßidschí bir schéj
▸ zum Einschlafen.	▸ uyku ilacı újku iladschə́

Körperteile

Arm	kol kol
Auge	göz gös
Bandscheibe	belkemiği diski belkemi:í dißkí
Bauch	karın karən

Becken	**leğen kemiği** le:én kemi:í
Bein	**bacak** badschák
Blase	**sidik torbası** sidík torbaßə
Blinddarm	**apandisit** apandißít
Blut	**kan** kan
Bronchien	**bronşlar** bronschlár
Brust	**göğüs** gö:üß
Darm	**bağırsak** ba:ərßák
Ferse	**topuk** topúk
Finger	**parmak** parmák
Fuß	**ayak** aják
Galle	**safra kesesi** ßáfra keßeßí
Gehirn	**beyin** bejín
Gelenk	**eklem** eklém
Gesäß	**kıç** kətsch
Gesicht	**yüz** jüs
Hals	**boğaz** bo:ás
Hand	**el** el
Haut	**cilt** dschilt
Herz	**kalp** kalp
Hüfte	**kalça** káltscha
Knie	**diz** dis
Kniescheibe	**diz kapağı** dis kapa:ə́
Knöchel	**ayak bileği kemiği** aják bile:í kemi:í
Knochen	**kemik** kemík
Kopf	**baş** basch
Körper	**vücut** wüdschú:t

Leber	**karaciğer** karadschi:ér
Lunge	**akciğer** akdschi:ér
Magen	**mide** mí:de
Mandeln	**bademcikler** ba:demdschiklér
Mund	**ağız** a:əs
Muskel	**kas** kaß
Nacken	**ense** enßé
Nase	**burun** burún
Nebenhöhle	**sinüsler** ßinüßlér
Nerv	**sinir** ßinír
Niere	**böbrek** böbrék
Ohr	**kulak** kulák
Rippe	**kaburga** kabúrga
Rücken	**sırt** ßərt
Schienbein	**baldır kemiği** baldər kemi:í
Schilddrüse	**kalkanbezi** kalkánbesi
Schlüsselbein	**köprücük kemiği** köprüdschük kemi:í
Schulter	**omuz** omús
Sehne	**sinir** ßinír
Stirnhöhle	**frontal sinüs** frontál ßínüß
Wade	**baldır** baldər
Wirbel	**omur** omúr
Wirbelsäule	**belkemiği** bélkemi:i
Zahn	**diş** disch
Zehe	**ayak parmağı** aják parma:ə
Zunge	**dil** dil

Krankheiten, Beschwerden

Abszess	**abse** abßé
Aids	**Aids** ejdß
Allergie	**alerji** alerschí
Angina	**anjin** anschín
ansteckend	**bulaşıcı** bulaschədschə́
Asthma	**astım** áßtəm
Atembeschwerden	**solunum güçlüğü** ßolunúm gütschlü:ǘ
Ausschlag	**döküntü** döküntǘ
Bänderriss	**lif kopması** lif kopmaßə́
Bindehautentzündung	**konjonktivit** konschonktiwít
Biss	**ısırma** əßərmá
Blase	**sidik torbası** sidík torbaßə́
Blasenentzündung	**mesane iltihabı** meßa:né ilticha:bə́
Blinddarmentzündung	**apandisit** apandißít
hoher Blutdruck	**yüksek tansiyon** jükßék tanßijón
Blutung	**kanama** kanamá
Blutvergiftung	**kan zehirlenmesi** kan sechirlenmesí
Bronchitis	**bronşit** bronschít
COVID-19, Coronavirus	**Kovid-19, koronavirüs** kówid-ón-dokus, kóronawirüß

Diabetes	diyabet	dijabét
Durchfall	ishal	ißchá:l
Entzündung	iltihap	iltichá:p
Erbrechen	kusma	kußmá
Erkältung	üşütme	üschütmé
Fieber	ateş	atésch
gebrochen	kırılmış	kərəlməsch
Gehirnerschütterung	beyin sarsıntısı	bejín ßarßəntəßə́
Geschlechtskrankheit	cinsel hastalık	dschinßél haßtalə́k
Geschwür	ülser	ülßér
Grippe	grip	grip
Herpes	herpes	hérpeß
Herzanfall	kalp krizi	kalp krisí
Herzinfarkt	kalp enfarktüsü	kalp enfarktüßǘ
Herzschrittmacher	kalp pili	kalp pilí
Heuschnupfen	saman nezlesi	ßamán nesleßí
Hexenschuss	bel tutulması	bél tutulmaßə́
Hirnhautentzündung	menenjit	menenschít
Husten	öksürük	ökßürǘk
Infektion	enfeksiyon	enfekßijón
Keuchhusten	boğmaca	bo:mádscha
Kinderlähmung	çocuk felci	tschodschúk féldschi
Kolik	kolik	kólik
Krampf	kramp	kramp

Krebs	**kanser** kanßér
Kreislaufstörungen	**kan dolaşımı bozukluğu** kan dolaschəmə́ bosuklu:ú
Lebensmittel-vergiftung	**besin zehirlenmesi** beßín sechirlenmeßí
Leistenbruch	**fıtık** fəták
Lungenentzündung	**akciğer enfeksiyonu** akdschi:ér enfekßijonú
Magengeschwür	**mide ülseri** mí:de ülßerí
Magenschmerzen	**mide ağrısı** mí:de a:rəßə́
Malaria	**malarya** malárja
Mandelentzündung	**bademcik iltihabı** bádemdschik ilticha:bə́
Masern	**kızamık** kəsamák
Migräne	**migren** migrén
Mittelohr-entzündung	**ortakulak iltihabı** ortakulák ilticha:bə́
Mumps	**kabakulak** kabákulak
Muskelzerrung	**kas kopması** kaß kopmaßə
Nasenbluten	**burun kanaması** burún kanamaßə́
Neuralgie	**nevralji** newralschí
Nierensteine	**böbrek taşları** böbrék taschlarə́
Pilzinfektion	**mantar enfeksiyonu** mantár enfekßijonú
Prellung	**incinme** indschinmé
Rheuma	**romatizma** romatísma

Röteln	kızamıkçık kəsaməktschək
Scharlach	kızıl kəsəl
Schlaganfall	felç feltsch
Schnupfen	nezle neslé
Schüttelfrost	titreme titremé
Schweißausbruch	ter boşanması ter boschanmaßə
Schwellung	şiş schisch
Schwindel	baş dönmesi básch dönmeßí
Sodbrennen	yemek borusunda yanma jemék borußundá janmá
Sonnenbrand	güneş yanığı günésch janə:ə́
Sonnenstich	güneş çarpması günésch tscharpmaßə
Stich	sokma ßokmá
Tetanus	tetanos tétanoß
gutartiger Tumor	iyi huylu ur ijí hujlú ur
bösartiger Tumor	kötü ur kötű ur
Übelkeit	fenalık fena:lək
Verbrennung	yanma janmá
Verletzung	yaralanma jaralanmá
verrenkt	çıkık tschəkək
verstaucht	incinmiş indschinmísch
Verstopfung	kabız kabə́s
Windpocken	suçiçeği ßútschitsche:i
Wunde	yara jará
Zeckenbiss	kene ısırması kené əßərmaßə

Zahnarzt

Dieser Zahn hier tut weh.	Bu dişim ağrıyor. bu dischím a:rəjor.
Der Zahn ist abgebrochen.	Dişim kırıldı. dischím kərəldə́.
Ich habe eine Füllung verloren.	Bir dolgum düştü. bir dolgúm düschtű.
Ich habe eine Krone verloren.	Bir kaplamam düştü. bir kaplamám düschtű.
Können Sie den Zahn provisorisch behandeln?	Dişime geçici bir müdahalede bulunabilir misiniz? dischimé getschidschí bir müda:chaledé bulunabilír-mißinis?
Den Zahn bitte nicht ziehen.	Dişimi çekmeyin lütfen. dischimí tschékmejin lű́tfen.
Geben Sie mir bitte eine Spritze.	İğne yapın lütfen. i:né japə́n lű́tfen.
Geben Sie mir bitte keine Spritze.	İğne yapmayın lütfen. i:né jápmajən lű́tfen.
Können Sie diese Prothese reparieren?	Şu protezi tamir edebilir misiniz? schu protesí tá:mi:r edebilír-mißinis?

Das könnten Sie hören:

Size kaplama gerekli.
ßise kaplamá gereklí.
Sie brauchen eine Krone.

Dişi çekmem gerekiyor.
dischí tschekmém gerekíjor.
Ich muss den Zahn ziehen.

Ağzınızı iyice çalkalayın.
a:sənəsə ijídsche tschalkalajən.
Bitte gut spülen.

İki saat süre ile yemek yemeyin.
ikí ßa:t ßüré ile jemék jémejin.
Bitte zwei Stunden nichts essen.

Weitere Wörter

Abdruck	kalıp kaləp
Gebiss (Prothese)	takma diş takmá disch
Goldinlay	altın inlay altən inléj
Inlay	inlay inléj
Karies	diş çürüğü disch tschürü:ű
Kunststofffüllung	sentetik dolgu ßentetík dolgú
Nerv	sinir ßinír
Parodontose	dişeti çekilmesi dischetí tschekilmeßí

Porzellanfüllung	**porselen dolgu** porßelén dolgú
Provisorium	**geçici diş** getschidschí disch
Weisheitszahn	**yirmilik diş** jirmilík disch
Wurzel	**kök** kök
Wurzelbehandlung	**kök tedavisi** kök tedawißí
Zahn	**diş** disch
Zahnfleisch	**dişeti** díscheti
Zahnfleisch-entzündung	**dişeti iltihabı** díscheti ilticha:bə́

COVID-19

Wo ist das nächste COVID-19-Test-zentrum? — **En yakın Kovid-19 test merkezi nerede?** en jakə́n kówid-ón-dokus test merkesí nérede

Ich benötige einen COVID-19 Schnelltest / PCR-Test — **Kovid-19 hızlı/PCR test ihtiyacım var** kówid-ón-dokus həslʹə/ pe-ce-re test ichtiadschʹəm wár

Bank

Entschuldigen Sie bitte, wo ist hier ► — **Affedersiniz, bu yakınlarda ► nerede?** áf:ederßinis, bu jakənlardá ► nérede?

► eine Bank? — ► **banka** bánka

► ein Geldautomat? — ► **bankamatik** bankamatík

Wo kann ich Geld wechseln?	Nerede döviz bozdurabilirim? nérede döwís bosdurabilírim?
Ich möchte ... Euro umtauschen.	... euro bozdurmak istiyorum. ... júro bosdurmák ißtíjorum.
Ich möchte ... Schweizer Franken umtauschen.	... İsviçre frangı bozdurmak istiyorum. ... ißwítschre frangə bosdurmák ißtíjorum.
Wie hoch sind die Gebühren?	Ne kadar işlem parası alıyorsunuz? né-kadar ischlém paraßə aləjórßunus?

Das könnten Sie hören:

Kimlik belgeniz lütfen.
kimlík belgenís lǘtfen.
Ihren Ausweis bitte.

Parayı nasıl istersiniz?
parajə náßəl ißterßinís?
Wie möchten Sie das Geld haben?

Der Geldautomat hat meine Karte einbehalten.	Bankamatik kartımı yuttu. bankamatík kartəmə jut-tú.
Ich habe meine Geheimzahl vergessen.	Şifremi unuttum. schifremí unut-túm.

Weitere Wörter

Banküberweisung	banka havalesi bánka hawa:leßí
Betrag	miktar miktá:r
Euro	avro, euro awró, júro
EC-Karte	avro çek kartı(EC kartı) awró tschek kartə (i-ßé kartə)
Geheimzahl	şifre schífre
Geldautomat	bankamatik bankamatík
Kartennummer	kart numarası kart numaraßə
kontaktlos	temassız temáß-ßəs
Kreditkarte	kredi kartı krédi kartə
Kurs	kur kur
Münze	madeni para ma:de:ní pará
Schalter	gişe gisché
Überweisung	havale hawá:le
Unterschrift	imza imsá:
Währung	para pará
Wechselstube	döviz büfesi döwís büfeßí

Post

Wo ist ▸	En yakın ▸ nerede? en jakən ▸ nérede?
▸die nächste Post	▸postane póßta:ne
▸der nächste Briefkasten?	▸posta kutusu póßta kutußú

Was kostet ein Brief nach ...?	... -e bir mektup kaç liraya gidiyor? ... -e bir méktup katsch líraja gidíjor?
Was kostet eine Karte nach ...?	... -e bir kartpostal kaç liraya gidiyor? ... -e bir kartpoßtál katsch líraja gidíjor?
Fünf Briefmarken zu ... bitte.	Beş tane ... lik pul lütfen. besch tá:ne ... lik pul lűtfen.
Ich möchte diesen Brief (per Express) aufgeben.	Bu mektup (ekspres) göndermek istiyorum. bu mektúp (ekßpréß) göndermék ißtíjorum.
Ich möchte dieses Paket per ▸ aufgeben.	Bu paketi ▸ göndermek istiyorum. bu paketí ▸ göndermék ißtíjorum.

Telefon, Internet

Wo kann ich hier telefonieren?	Burada nereden telefon edebilirim? búrada néreden telefón edebilírim?

Ich möchte eine SIM-Karte kaufen.	**Bir SIM kartı satın almak istiyorum.** bir sim-kartə ßatən almák ißtíjorum.
Ich hätte gerne eine Prepaid-Karte.	**Bir kontörlü kart rica ediyorum.** bir kontörlǘ kart ridschá: edíjorum.
Ich möchte mein Guthaben aufladen.	**Kontör yüklemek istiyorum.** kontőr jüklemék ißtíjorum.
Hallo? Hier ist ...	**Alo? Ben ...** aló? ben ...
Ich möchte ... sprechen.	**... ile görüşmek istiyorum.** ... ile görüschmék ißtíjorum.

Das könnten Sie hören:

... maalesef burada değil.
... má:leßef búrada de:íl.
... ist leider nicht da.

Lütfen hattan ayrılmayın.
lǘtfen hat:án ajrəlmajən.
Bitte bleiben Sie am Apparat.

Ich rufe später noch mal an.	**Sonra tekrar ararım.** ßónra tekrár arárəm.

Wo gibt es kostenlosen WLAN-Zugang?	**Ücretsiz WiFi nerelerde var?** üdschretßís wáfai nérelerde war?
Welchen Computer kann ich benutzen?	**Hangi bilgisayarı kullanabilirim?** hángi bilgißajarǝ́ kul:anabilírim?
Können Sie mir bitte helfen?	**Bana yardım eder misiniz?** bána jardǝ́m edér-mißinis?
Bitte ändern Sie die Spracheinstellung auf ►	**Dil ayarınılütfen ► yapınız.** díl ajarǝnǝ́ lǘtfen ► japǝ́nǝs.
► Deutsch.	► **Almanca** almándscha
► Englisch.	► **İngilizce** ingilísdsche
Ich möchte etwas ►	**Bir şeyler ► isterdim.** bir schejlér ► ißtérdim.
► ausdrucken.	► **yazdırmak** jasdǝrmák
► scannen.	► **taratmak** taratmák
Die Internetverbindung funktioniert nicht.	**İnternet bağlantısı çalışmıyor.** internét ba:lantǝßǝ́ tschalǝ́schmǝjor.
Der Computer ist abgestürzt.	**Bilgisayar çöktü.** bilgíßajar tschöktǘ.

Reisewörterbuch

Deutsch–Türkisch

A

Abend akşam akschám
Abendessen akşam yemeği akschám jeme:í
aber ama amá
Abfahrt kalkış kalkəsch
abholen gidip almak gidíp almák
Abschleppwagen çekici aracı tschekidschí aradschə
Abteil kompartıman kompartəmán
Adapter adaptör adaptő́r
Adresse adres adréß
ähnlich benzer bensér
Akku akü akű
Alkohol alkol alkól
alkoholfrei alkolsüz alkolßűs
allein yalnız jalnás
allergisch alerjik alerschík
alles hepsi hépßi
alt eski eßkí; *(betagt)* yaşlı jaschlá
Alter yaş jasch
Altstadt eski şehir eßkí schechír
Ameise karınca karəndschá
Ampel trafik lambası trafík lambaßə
Ananas ananas ananáß
Andenken hatıralık eşya ha:təralək eschjá:
anfassen kullanıcı kodu kulanədschə kodú
Angebot *(Sonderangebot)* indirim indirím
Angestellte(r) sözleşmeli memur ßösleschmelí memúr
Angst korku korkú
ankommen varmak warmák
Ankunft varış warəsch
Anlegestelle iskele ißkelé
Anmeldung kayıt kajət
annullieren iptal etmek iptál etmék
anstatt yerine jeriné
ansteckend bulaşıcı bulaschədschə

antik antik antík
Antwort yanıt janət
Anzahl miktar miktá:r
Anzahlung kaparo kapáro
Anzug takım elbise takəm elbißé
Apfel elma élma
Apotheke eczane edschsá:ne
Aprikose kayısı kájəßə
April nisan ni:ßán
Arbeit iş isch
arbeitslos işsiz ischßís
arm fakir fakír
Arm kol kol
Arzt doktor doktór
Ärztin doktor doktór
Aschenbecher kül tablası kül táblaßə
Aubergine patlıcan patlədschán
auch da da; dahi dachí
Aufenthalt kalma kalmá; *(Pause)* mola molá
aufhören bitmek bitmék
aufladen şarj etmek scharsch etmék
aufstehen kalkmak kalkmák
Aufzug asansör aßanßőr
Auge göz gös
August ağustos a:ußtóß
Ausflug gezi gesí
ausfüllen doldurmak doldurmák
Ausgang çıkış tschəkəsch
ausgebucht dolu dolú
ausgehen dışarı çıkmak dəscharə tschəkmák
Auskunft bilgi bilgí; *(Schalter)* danışma danəschmá
ausleihen ödünç vermek ödűntsch wermék
Aussicht manzara mansará
Aussprache telaffuz telaf:ús
aussteigen inmek inmék
Ausstellung sergi ßergí
aussuchen seçmek setschmék
ausverkauft kapalı gişe kapalə gisché
auswechseln değiştirmek de:ischtirmék
Ausweis kimlik kimlík
Auto oto otó

Autofähre araba vapuru arabá wapurú
Automat otomat otomát
automatisch otomatik otomatík
Autovermietung araba kiralama arabá kiralamá

B

Baby bebek bebék
Bach dere dére
Bäckerei fırın fərən
Bad banyo bánjo
Badeanzug mayo majó
Badehose mayo majó
baden *(im Meer)* denize girmek denisé girmék; *(Badewanne)* banyo yapmak bánjo japmák
Badewanne küvet küwét
Bahnhof istasyon ißtaßjón
Bahnsteig peron perón
bald birazdan bírasdan
Balkon balkon balkón
Ball top top
Banane muz mus
Bank banka bánka
Bär ayı ajə
Bart sakal ßakál
Basilikum fesleğen feßle:én
Batterie pil pil
Bauchschmerzen karın ağrısı karən a:rəßə
Bauernhof çiftlik tschiftlík
Baum ağaç a:átsch
Baumwolle pamuk pamúk
Baustelle şantiye schántje
beachten *(Regel)* uymak ujmák
Becher kupa kúpa
beenden bitirmek bitirmék
Beginn başlangıç baschlángətsch
begrüßen selamlamak ßela:mlamák
behindertengerecht engellilere uygun engel:ileré ujgún
Behinderte(r) engelli engel:í
beide her iki her ikí
beige krem rengi krem réngi
Beilage garnitür garnitǘr
Bein bacak badschák

Beispiel örnek örnék
beißen ısırmak əßərmák
belästigen sarkıntılık etmek ßarkəntələk etmék
beliebt sevilen ßewilén
benutzen kullanmak kul:anmák
Benzin benzin bensín
bequem rahat rachát
Berg dağ da:
Beruf meslek meßlék
berühmt ünlü ünlǘ
berühren dokunmak dokunmák
Beschwerde şikâyet schik:a:jét
Besen süpürge ßüpǘrge
besetzt *(Platz)* dolu dolú; *(Telefon; Toilette)* meşgul meschgúl
besichtigen gezmek gesmék
Besitzer(in) sahip ßa:chíp
besser daha iyi dachá ijí
bestätigen onaylamak onajlamák; *(bescheinigen)* belgelemek belgelemék
Besteck çatal-kaşık tschatál-kaschək
bestellen ısmarlamak əßmarlamák
besuchen ziyaret etmek sija:rét etmék
Betrag miktar miktá:r
betrunken sarhoş ßarhósch
Bett yatak jaták
Bettdecke yorgan jorgán
Bettwäsche yatak takımı jaták takəmə́
bezahlen ödemek ödemék; *(in der Gaststätte)* hesabı ödemek heßabə́ ödemék
BH sütyen ßütjén
Biene arı arə́
Bier bira bíra
Bikini bikini bikíni
Bild resim reßím; *(Foto)* fotoğraf foto:ráf; *(Gemälde)* tablo tabló
billig ucuz udschús
biologisch biyolojik bijoloschík; *(Anbau)* organik organík
Birne armut armút
bis kadar kadár
bissig ısırgan əßərgán

bitte lütfen lű:tfen; *(bitte sehr)* buyurun bujrún
Blatt yaprak japrák
blau mavi ma:wí
bleiben kalmak kalmák
blind kör kör
Blitz şimşek schimschék
blond sarışın ßarəschən
Blume çiçek tschitschék
Bluse bluz blus
Blut kan kan
Boiler şofben schofbén
Boot kayık kajək
Bootsverleih tekne kiralanır tekné kira:lanər
Bordkarte biniş kartı binísch kartə
Brand yangın jangən
brauchen gereksinmek gerekßinmék
braun kahverengi kachwerengí
Bremse *(Auto)* fren fren
brennen yanmak janmák
Briefmarke posta pulu póßta pulú
Brille gözlük göslűk
Brot ekmek ekmék
Brücke köprü köprű
Bruder erkek kardeş erkék kardésch
Brust göğüs gö:űß
Buch kitap kitáp
buchen yer ayırtmak jer ajərtmák
Bucht körfez körfés
Buchung *(Hotel)* rezervasyon reserwaßjón
Büfett büfe büfé
Bügeleisen ütü ütű
Bungalow bungalov búngalow
Bus otobüs otobűß
Busfahrer(in) otobüs şoförü otobűß schoförű
Bushaltestelle otobüs durağı otobűß dura:ə́
Butter tereyağı téreja:ə

C

Café kahve kachwé
Campingplatz kamping kámping

CD CD ßi-di
christlich Hristiyan hristiján
Computer bilgisayar bilgíßajar
Corona-(Antigen-) Schnelltest Korona (antijen) hızlı test kórona (antis‿chen) həsl´ə test
Couch divan di:wá:n
COVID-19, Coronavirus Kovid-19, koronavirüs kówid-ón-dokus, kóronawirüß
Creme krem krem

D

Dach çatı tschatə́
dafür bunun için bunún itschín
dagegen buna karşı búna karschə́
Dame bayan baján; hanım chanə́m
danke sağol ßa:-ol
dasselbe aynısı ajnəßə́
Datum tarih ta:rích
Dauer süre ßüré
Daumen başparmak báschparmak
dazwischen *(räumlich)* arasında araßəndá
Decke battaniye bat:ánije; *(Zimmerdecke)* tavan tawán
defekt bozuk bosúk
Demonstration gösteri gößterí
denken düşünmek düschünmék
Deo deodoran deodorán
Desinfektionsmittel dezenfektan desenfektán
deswegen onun için onún itschín
deutsch Alman almán; auf Deutsch Almanca(sı) almand‿scha(ßə)
Deutsche(r) Alman almán
Deutschland Almanya almánja
Dezember aralık araląk
Dialekt lehçe lechtsché
dick kalın kalə́n; *(Person)* şişman schischmán
Diebstahl hırsızlık hərßəslə́k
Dienstag salı ßálə

Digitalkamera dijital kamera dischitál kamerá
direkt doğrudan do:rudán
Diskussion tartışma tartəschmá
Dolmetscher(in) tercüman terdschümán
Donner gök gürültüsü gök gürültüßű
Donnerstag perşembe perschembé
Doppelbett iki kişilik yatak ikí kischilík jaták
Doppelzimmer iki kişilik oda ikí kischilík odá
Dorf köy köj
dort orada órada
Dose kutu kutú
Dosenöffner konserve açacağı konßérwe atschadscha:ə́
draußen dışarıda dəscharədá
dreckig kirli kírli
dringend acele adschelé
drinnen içeride itscheridé
Droge uyuşturucu madde ujuschturudschú mad:é
Drogerie ecza deposu edschsá: depoßú
drücken *(zusammen-drücken)* sıkmak ßəkmák
drucken bastırmak bastərmák
du sen ßen
Duft güzel koku güsél kokú
dumm aptal aptál
dunkel karanlık karanlək; *(Farbe)* koyu kojú
dünn ince índsche
Durchfahrt *(Auto)* geçit getschít
Durchfall ishal ißchá:l
durchgehend aralıksız araləkßə́s
Durst susama ßußamá
Dusche duş dusch
Duschgel vücut şampuanı wüdschú:t schampuanə́
DVD DVD di-wi-di

E

ebenfalls aynen ájnen
echt hakiki hakí:ki:
EC-Karte bankamatik kartı bankamatík kartə́

Ecke köşe kösché
egal farketmez farketmés
Ehepaar evli çift ewlí tschift
ehrlich dürüst dürűßt; *(aufrichtig)* samimi ßami:mi:
Ei yumurta jumurtá
Eidechse kertenkele kerténkele
Eimer kova kowá
Einbahnstraße tek yönlü yol tek jönlű jol
einchecken *(am Flughafen)* bilet işlemini yaptırmak bilét ischleminí japtərmák; *(im Hotel)* kaydolunmak kajdolunmák
einfach basit baßít; *(leicht)* kolay koláj
Einfahrt giriş girísch
Eingang giriş girísch
einkaufen alışveriş yapmak aləschwerísch japmák
Einkaufszentrum alışveriş merkezi aláschwerisch merkesí
Einladung davet(iye) da:wet(íje)
einlösen *(Scheck)* bozdurmak bosdurmák
einmal bir kez bir kés
einschalten *(Licht)* yakmak jakmák
einsteigen binmek binmék
Einstellung *(Technik)* ayar(lama) ajar(lamá); *(Ansicht)* görüş görűsch
Eintritt *(Zutritt)* giriş girísch
Eintrittskarte giriş kartı girísch kartə́
Eintrittspreis giriş ücreti girísch üdschretí
Einzelbett tek kişilik yatak tek kischilík jaták
Einzelzimmer tek kişilik oda tek kischilík odá
Eis buz bus
Eiswürfel buz kübü bús kübü
Elektriker(in) elektrikçi elektriktschí
Eltern ana-baba ana-babá
E-Mail e-posta e:poßtá
Empfang resepsiyon reßepßijón
empfehlen tavsiye etmek tawßíje etmék

Ende son ßon
Endreinigung son temizlik ßon temislík
Endstation son durak ßon durák
eng dar dar
Ente ördek ördék
Entfernung uzaklık usaklǝ́k
Entschädigung tazminat tasminá:t
Entschuldigung özür ösǘr
entwerten iptal etmek iptál etmék
Entzündung iltihap iltichá:p
er o o
Erdbeben deprem deprém
Erdbeeren çilek tschilék
Erdgeschoss zemin katı semí:n katǝ́
Erdnüsse yer fıstığı jér fǝßtǝ:ǝ
Erfahrung deneyim denejím
Erholung dinlenme dinlenmé
Erkältung üşütme üschütmé
Erklärung açıklama atschǝklamá
erlauben izin vermek isín wermék
Ermäßigung indirim indirím
ernst ciddi dschid:í:
erreichbar ulaşılabilir ulaschǝlabilír
Ersatz yedek jedék; *(Ausgleich)* karşılık karschǝlǝ́k
erst *(zuerst)* önce öndsché
Erwachsene(r) yetişkin jetischkín
erzählen anlatmak anlatmák
Erzieher(in) eğitmen e:itmén
Esel eşek eschék
essbar yenir jenír
essen yemek yemek jemék jemék
essen gehen yemeğe çıkmak jeme:é tschǝkmák
Essig sirke ßirké
Etage kat kat
etwas bir şey bir schej; *(ein wenig)* biraz bíras
Euro avro awró, euro júro
evangelisch Protestan protéßtan
extra *(gesondert)* ayrı ájrǝ; *(besonders)* ekstra ékstra

F

Faden iplik iplík
Fähre feribot féribot
fahren sürmek ßürmék
Fahrer(in) şoför schofőr
Fahrkarte bilet bilét
Fahrplan hareket saatleri harekét ßa:tlerí
Fahrrad bisiklet bißiklét
Fahrstuhl asansör aßanßőr
Fahrzeugpapiere araba kağıtları arabá ka:ətlarə́
Familie aile a:ilé
fantastisch *(großartig)* harika ha:riká
Februar şubat schubát
fehlen eksik olmak ekßík olmák
Feier tören törén
Feiertag tatil günü tá:til günű
Feld tarla tarlá
Fels *(Felsen)* kaya kajá
Fenster pencere péndschere
Fensterplatz pencere yanı péndschere janə́
Ferien tatil ta:tíl
Ferienhaus yazlık ev jaslə́k ew
Ferienwohnung yazlık daire jaslə́k da:iré
Fernglas dürbün dürbűn
Fernseher televizyon telewisjón
fertig tamam tamám
Fest bayram bájram
fett yağlı ja:lə́
fettig yağlı ja:lə́
feucht nemli nemlí
Feuer ateş atésch
Feueralarm yangın alarmı jangə́ alarmə́
Feuerlöscher yangın söndürücü jangə́n ßöndürüdschű
Feuerwehr itfaiye itfá:jə
Feuerzeug çakmak tschakmák
Fieber ateş atésch
Film film film
Filter filtre filtré
finden bulmak bulmák
Finger parmak parmák
Firma firma fírma
Fisch balık balə́k

fischen balık tutmak
balək tutmák
Fischerboot balıkçı teknesi
baləktschə tekneßí
fit formunda formundá
FKK-Strand çıplaklar kampı
tschəplaklár kampə
Flagge bayrak bajrák
Flasche şişe schisché
Flaschenöffner şişe açacağı
schisché atschadscha:ə
Fledermaus yarasa jaráßa
Fleisch et et
Fliege sinek ßinék
fliegen uçmak utschmák
flirten flört etmek
flőrt etmék
Flitterwochen balayı *sg*
bálajə
Floh pire piré
Flohmarkt bit pazarı
bit pasarə
Flug uçuş utschúsch
Flughafen havaalanı
hawá:lanə
Flugzeug uçak utschák
Fluss nehir nechír
Flüssigkeit sıvı ßəwə

Flut met met
Föhn saç kurutma makinesi
ßatsch kurutmá makineßí
folgen izlemek islemék
Formular form form
Foto fotoğraf foto:ráf
fotografieren resim çekmek
reßím tschekmék
fragen sormak ßormák
Frau kadın kadə́n; *(Anrede)*
bayan baján; *(Ehefrau)*
eş esch
frei özgür ösgűr; serbest
ßerbéßt; *(Platz)* boş bosch
Freibad açık yüzme havuzu
atschək jüsmé hawusu
Freitag cuma dschumá
fremd yabancı jabandschə
Fremdenverkehrsamt
turism danışma bürosu
turíßm danəschmá büroßú
Fremdsprache yabancı dil
jabándschə dil
Freund arkadaş arkadásch
Freundin kız arkadaş
kəs arkadásch
freundlich sevimli ßewimlí
Friedhof mezarlık mesarlək

frieren üşümek üschümék; (Eis) donmak donmák
Friseur berber berbér
froh (erfreut) memnun mémnun
Frucht meyve méjwe
früh erken erkén
früher eskiden eßkidén
Frühling ilkbahar ílkbachar
Frühstück kahvaltı kachwaltə́
Fuchs tilki tílki
fühlen hissetmek hißetmék
Führerschein sürücü belgesi ßürüdschü belgeßí
Führung rehberlik rechberlík
Fundbüro kayıp eşya bürosu kajə́p eschjá: büroßú
funktionieren işlemek ischlemék
für için itschín
Fuß ayak aják
Fußball futbol fútbol
Fußgängerzone yaya bölgesi jajá bölgeßí

G

Gabel çatal tschatál
Gang (Hausgang) koridor koridór
Gans kaz kas
ganz tüm tüm
Garantie garanti garantí
Garderobe (im Theater) vestiyer westjér
Garten bahçe báchtsche
Gasherd gazlı ocak gaslə́ odschák
Gaskocher gaz ocağı gas odscha:ə́
Gast misafir mißa:fír
Gebäck kurabiye kurabijé
geben vermek wermék
Gebirge sıradağ ßəráda:
Gebrauchsanweisung kullanma kılavuzu kul:anmá klawusú
gebraucht kullanılmış kul:anə́lməsch
gebrochen kırılmış kərəlmə́sch
Gebühr ücret üdschrét

gebührenpflichtig **ücretli** üdschretlí
Geburtsdatum **doğum tarihi** do:úm ta:richí
Geburtsort **doğum yeri** do:úm jerí
Geburtstag **doğum günü** do:úm günű
Gedeck **sofra takımı** ßofrá takəmə́
Geduld **sabır** ßábər
Gefahr **tehlike** techliké
Geflügel **kümes hayvanları** küméß hajwanlarə́
gegen **karşı** karschə́
gegenüber **karşısında** karschəßəndá
geheim **gizli** gislí
Geheimzahl **şifre** schífre
gehen **gitmek** gitmék
gehören **ait olmak** ait olmák
Gehweg **yaya yolu** jajá jolú
Geige **keman** kemán
Gel **jöle** schölé
Geländewagen **arazi arabası** arasi: arabaßə́
gelb **sarı** ßarə́
Geld **para** pará
Geldautomat **bankamatik** bankamatík
Geldbeutel **cüzdan** dschüsdán
gelten *(gültig sein)* **geçerli olmak** gedscherlí olmák
gemeinsam *(zusammen)* **birlikte** birlikté
gemischt **karışık** karəschə́k
Gemüse **sebze** ßébse
gemütlich **rahat** rachát
genießen **tadına varmak** tadəná warmák
genug **yeter** jetér
geöffnet **açık** atschə́k
Gepäck **bagaj** bagásch
Gepäckaufbewahrung **bagaj emaneti** bagásch emanetí
Gepäckträger *(Gestell)* **bagaj (taşıyıcı)** bagásch (taschəjədschə́)
geradeaus **doğruca** dó:rudscha
Geräusch **ses** ßeß; *(störend)* **gürültü** gürültű

gern **memnuniyetle** memnu:nijétle
Geruch **koku** kokú
Geschäft **iş** isch; *(Laden)* **dükkan** dük:án
Geschenk **hediye** hedíje
Geschichte **tarih** tarích
geschieden **boşanmış** boschanməsch
Geschirr **kapkacak** kapkadschák
Geschirrtuch **bulaşık kurulama bezi** bulaschək kurulamá besí
geschlossen **kapalı** kapalə
Geschmack **lezzet** les:ét
Geschwindigkeit **hız** həs
Geschwister **kardeş** kardésch
Gesicht **yüz** jüs
gestern **dün** dün
gestreift **çizgili** tschisgilí
gesund **sağlıklı** ßa:ləklə
Getränk **içecek** itschedschék
getrennt **ayrı** ajrə
getrennt bezahlen **ayrı ödemek** ajrə ödemék
Gewicht **ağırlık** a:ərlək
gewinnen **kazanmak** kasanmák
Gewitter **fırtına** fərtəna
gewürzt **baharatlı** bacha:ratlə
giftig **zehirli** sechirlí
Gipfel **zirve** sirwé
Gitarre **gitar** gitár
Glas **bardak** bardák
glatt **düz** düs
gleich **eşit** eschít; *(sogleich)* **hemen** chemén
Gleis **peron** perón
Glück **mutluluk** mutlulúk
Glückwunsch **tebrik** tebrí:k
Glühbirne **ampul** ampúl
glutenfrei **glütensiz** glü:tenßís
Gold **altın** altən
Golf **golf** golf
Grad **derece** deredsché
Gramm **gram** gram
Gräte **kılçık** kəltschək
gratis **bedava** be:dawá:
gratulieren **kutlamak** kutlamák
grau **gri** gri
Grenze **sınır** ßənər

Grill ızgara əsgára
groß büyük büjǘk
Größe *(Schuhe, Kleidung)* numara númara
Großeltern büyükanne-baba büjǘkan:e-baba
grün yeşil jeschíl
Grund *(Ursache)* neden néden; *(Boden)* toprak toprák
Gruppe grup grup
Gruß selam ßelá:m
gültig geçerli getscherlí
günstig *(Preis)* ucuz udschús
Gürtel kemer kemér
gut iyi ijí
Guthaben alacak aladschák
Gutschein kupon kupón

H

Haar saç ßatsch
Haarbürste saç fırçası ßátsch fərtschaßə́
Haargummi lastik saç bağı láßtik ßatsch ba:ə́
haben sahip olmak ßa:chíp olmák
Hafen liman limán
Haftung *(Verantwortung)* sorumluluk ßorumlulúk
Hagel dolu dolú
Haifisch köpek balığı köpék balə:ə́
halb yarım jarə́m
Halbpension yarım pansiyon jarə́m panßjón
Hälfte yarı jarə́
Hals boğaz bo:ás
Halsschmerzen boğaz ağrısı *sg* bo:ás a:rəßə́
Halstuch şal schal
haltbar dayanıklı dajanəklə́
halten *(anhalten)* durmak durmák; *(festhalten)* tutmak tutmák
Haltestelle durak durák
Halteverbot durma yasağı durmá jasa:ə́
Hammer çekiç tschekítsch
Hand el el
Handball hentbol hentból
Handgepäck el bagajı el bagaschə́
Handtasche el çantası el tschantaßə́

Handtuch havlu hawlú
Handy cep telefonu dschep telefónu
Handynummer cep telefon numarası dschep telefón númaraßə
Hängematte hamak hamák
hart sert ßert
häufig sık sık ßək ßək
Hauptgericht ana yemek aná jemék
Hauptsaison yüksek sezon jükßék ßesón
Hauptstadt başkent báschkent
Haus ev ew
hausgemacht evde yapılmış ewdé japəlməsch
Haustier ev hayvanı ew hajwanə́
Haut cilt dschilt
Heimat vatan watán
Heimweh sıla hasreti ßəla: chaßretí
heiraten evlenmek ewlenmék
heiser kısık kəßə́k
heiß sıcak ßədschák
heißen adı olmak adə́ olmák; *(bedeuten)* demek demék
Heizung kalorifer kalorifér
helfen yardım etmek jardə́m etmék
hell açık atschə́k
Helm kask kaßk
Hemd gömlek gömlék
Herbst sonbahar ßónbachar
Herd ocak odschák
Herr *(Anrede)* bey bej
hervorragend olağanüstü ola:ánüßtü
Herz kalp kalp
herzkrank kalp hastası kalp haßtaßə́
Heuschnupfen saman nezlesi ßamán nesleßí
Heuschrecke çekirge tschekirgé
heute bugün bugǘn
hier burada buradá
Hilfe yardım jardə́m
Himbeeren ahududu á:chududu
Hinfahrt gidiş gidísch
Himmel gök gök

hinten arkada arkadá
hinter arkasında arkaßəndá
hinunter aşağı(ya) ascha:(já)
Hitze aşırı sıcak
aschərá ßədschák
Hobby hobi hóbi
hoch yüksek jükßék
höchstens en fazla
en faslá
Hochwasser su baskını
ßú baßkənə́
Hochzeit düğün dü:ǘn
hoffentlich inşallah
inschál:ach
höflich nazik na:sík
holen gelip almak
gelíp almák
Holz odun odún
Homepage internet sitesi
internét ßiteßí
homosexuell eş cinsel
esch dschinsél
hören işitmek ischitmék;
(zuhören) dinlemek
dinlemék
Hose pantolon pantolón
Hotel otel otél
hübsch güzel güsél
Hubschrauber helikopter
helikópter
Huhn tavuk tawúk
Hund köpek köpék
Hunger açlık atschlə́k
hupen klakson çalmak
klakßón tschalmák
Husten öksürük ökßürǘk
Hut şapka schápka
Hütte kulübe kulü:bé

I

ich ben ben
Idee fikir fikír
Igel kirpi kirpí
Imbiss ayaküstü yemek
ajaküßtǘ jemék
immer daima da:imá
Impfung aşı aschə́
in içinde itschindé
inbegriffen dahil da:chíl
Infektion enfeksiyon
enfekßijón
Information bilgi bilgí;
(Schalter) danışma
danəschmá
Ingwer zencefil sendschéfil

inklusive dahil da:chíl
Insekt böcek bödschék
Insektenspray sinek spreyi ßinék ßprejí
Insektenstich böcek sokması bödschék ßokmaßə
Insel ada adá
insgesamt tümü birden tümű bírden
Instrument *(Musik)* çalgı tschálgə
intelligent zeki sekí
interessant ilginç ilgíntsch
international uluslararası ulußlararaßə
Internet internet internét
Islam İslam ißla:m
Isomatte izomat isomát

J

ja evet ewét
Jacht yat jat
Jacke ceket dschekét
Jahr yıl jəl
Jahreszeit mevsim mewßím
Januar ocak odschák
jetzt şimdi schímdi
Job iş isch
joggen koşu yapmak koschú japmak
Joghurt yoğurt jo:úrt
Jugendherberge hostel hoßtél
Juli temmuz tém:us
jung genç gentsch
Junge genç gentsch
Juni haziran hasi:rán
Juwelier kuyumcu kujumdschú

K

Kabine *(Schiff)* kamara kámara
Käfer böcek bödschék
Kaffee kahve kachwé
Kajak kano káno
Kalb dana daná
Kalbfleisch dana eti daná etí
Kalender takvim takwím
kalt soğuk ßo:úk
Kamera fotoğraf makinesi foto:ráf makineßí
Kamille papatya papátja

Kamin şömine schöminé
Kanal kanal kanál
Kanu kano kanó
Kapitän kaptan kaptán
kaputt arızalı a:rəsalə́
Karat kırat kərát; *(Gold)* ayar ajár
Karotte havuç hawútsch
Karte harita haritá
Kartoffeln patates patáteß
Käse peynir pejnír
Kasse *(für Eintrittskarten)* bilet gişesi bilét gischeßi; *(im Geschäft)* kasa kaßá
Kassenzettel kasa fişi káßa fischí
Katalog katalog katalóg
katholisch katolik katolík
Katze kedi kedí
kaufen satın almak ßatə́n almák
Kaution depozit deposít
Kekse bisküvi bißküwí
Kellner(in) garson garßón
kennen tanımak tanəmák
Kennzeichen *(Auto)* araba plakası arabá plakaßə́
Kerze mum mum
Ketchup ketçap kettscháp
Kette kolye koljé
Kilometer kilometre kilométre
Kind çocuk tschodschúk
Kinderarzt çocuk hastalıkları uzmanı tschodschúk haßtaləklarə́ usmanə́
Kindersitz çocuk koltuğu tschodschúk koltu:ú
Kinderwagen çocuk arabası tschodschúk arabaßə́
Kino sinema ßinemá
Kirche kilise kilíße
Kirschen kiraz kirás
Kissen yastık jaßtə́k
klar açık atschə́k
Klavier piyano pijáno
Klebeband seloteyp ßélotejp
Kleid elbise elbißé
Kleiderbügel elbise askısı elbisé askəsə́
klein küçük kütschǘk
Klimaanlage klima klimá
Klingel zil sil
Kneipe bar bar
Knie diz dis

Knoblauch sarımsak ßarəmßák
Knopf düğme dü:mé
Koch aşçı äschtschə
koffeinfrei kafeinsiz kafe-inßís
Koffer bavul bawúl
Kohlensäure karbonik asit karboník aßít
Kollege, Kollegin iş arkadaşı ísch arkadaschə́
komisch komik komík; *(merkwürdig)* tuhaf tucháf
kommen gelmek gelmék
Kompass pusula pußúla
komplett komple komplé
kompliziert güç gütsch
Konditorei pastane paßta:né
Kondom kondom kondóm
können -ebilmek -ebilmék
Kontakt ilişki ilischkí
Kontaktlinsen kontak lensler konták lenßler
Konto hesap heßáp
Konzert konser konßér
Kopf baş basch
Kopfkissen yüz yastığı jüß jaßtə́:
Kopfschmerzen baş ağrısı *sg* básch a:rəßə́
Kopie kopya kópja
Korkenzieher tirbuşon tirbuschón
Körperlotion vücut losyonu wüdschú:t loßjonú
korrigieren düzeltmek düseltmék
kostbar değerli de:erlí
kosten etmek etmék
kostenlos parasız paraßə́s
krank hasta haßtá
Krankenhaus hastane haßtá:ne
Krankenwagen ambulans ambulánß
Krankheit hastalık haßtalə́k
Kräuter ot ot
Krawatte kravat krawát
Kreditkarte kredi kartı krédi kartə́
Kreuzfahrt mavi yolculuk ma:wí joldschulúk
Kreuzung kavşak kawschák
Kriminalität suçluluk ßutschlulúk
Krise kriz kris

Krücke **koltuk değneği** koltúk de:ne:í
Küche **mutfak** mutfák
Kuchen **pasta** páßta
Kugel **küre** küré
Kuh **inek** inék
kühl **serin** ßerín
Kühlschrank **buzdolabı** busdolabə́
Kultur **kültür** kültǘr
Kunde, Kundin **müşteri** müschterí
Kunst **sanat** ßanát
Künstler(in) **sanatçı** ßanatschə́
Kur *(med)* **tedavi** tedá:wi:
Kurs **kur** kur
Kurve **viraj** wirásch
kurz **kısa** kəßá
Kurzschluss *(elektrisch)* **kısa devre** kəßá dewré
kurzsichtig **miyop** mijóp
Kuss **öpücük** öpüdschǘk
Küste **sahil** ßá:chil

L

lachen **gülmek** gülmék
Lachs **ßom balığı** ßom balə:ə́
Ladegerät **şarj aleti** scharschaletí
Ladekabel **şarj kablosu** scharsch kablóßu
laktosefrei **laktozsuz** laktoßúß
Lamm **kuzu** kusú
Lammfleisch **kuzu eti** kusú etí
Lampe **lamba** lámba
Land **ülke** ülké
landen **yere inmek** jeré inmék
Landkarte **harita** haríta
Landschaft **kırsal manzara** kərßál mansará
lang **uzun** usún
langsam **yavaş** jawásch
langweilig **sıkıcı** ßəkədschə́
Lärm **gürültü** gürültǘ
Lastwagen **kamyon** kamjón
laut **gürültülü** gürültülǘ
Lautsprecher **hoparlör** hoparlö̋r
lauwarm **ılık** əlák
Lawine **çığ** tschə́:
leben **yaşamak** jaschamák
lecker **lezzetli** les:etlí
Leder **deri** derí

ledig bekar beká:r
leer boş bosch
legen koymak kojmák
leicht hafif hafíf
leider maalesef má:leßef
leihen ödünç vermek ödüntsch wermék
Leihgebühr kira bedeli kirá: bedelí
Leinen keten ketén
leise sessiz ßeß:ís
Leitungswasser musluk suyu mußlúk ßujú
lernen öğrenmek ö:renmék
lesen okumak okumák
Leuchtturm fener kulesi fenér kuleßí
Leute insanlar insanlár
Libelle kız böceği kəs bödsche:í
Licht ışık əschək
Lichtschalter elektrik düğmesi elektrík dü:meßí
Lichtschutzfaktor güneşten korunma faktörü güneschtén korunmá faktörǘ
lieben sevmek ßewmék
lieber daha çok dahá tschok
Lied şarkı scharkə́
Liege divan di:wá:n
Liegestuhl şezlong scheslóng
lila mor mor
Limonade gazoz gasós
links sol ßol
Lippe dudak dudák
Lippenstift ruj rusch
Liter litre lítre
Lob övgü öwgǘ
Loch delik delík
Locken kıvırcık saç kəwərdschə́k ßatsch
Löffel kaşık kaschə́k
löschen *(Feuer)* söndürmek ßöndürmék
Lösung çözüm tschösǘm
Luftmatratze şişme yatak schischmé jaták
Luftpumpe hava pompası hawá pompaßə́
Lüge yalan jalán
Lunge akciğer akdschi:ér
Lust haben zu canı istemek dschanə́ ißtemék
lustig eğlendirici e:lendiridschí; *(fröhlich)* neşeli neschelí
Luxus lüks lükß

M

machen *(tun)* yapmak japmák; *(herstellen)* etmek etmék
Mädchen kız kəs
mager yağsız ja:ßəs
Mai mayıs majəß
malen *(Bild)* resim yapmak reßím japmák
man insan inßán
manchmal bazen básen
Mann erkek erkék; *(Ehemann)* eş esch
Mannschaft takım takəm
Mantel palto paltó
Marder sansar ßanßár
Markt çarşı tschárschə
Marktplatz pazar yeri pasár jerí
März mart mart
Massage masaj maßásch
Material malzeme malsemé
Matratze yatak jaták
Mauer duvar duwár
Maulwurf köstebek kößtebék
Maus fare fa:ré
Maut otoyol gişesi otójol gischeßí
maximal azami asamí:
Mayonnaise mayonez majonés
Medikament ilaç ilátsch
Meer deniz denís
Meeresfrüchte deniz mahsulleri denís machßul:erí
Mehl un un
mehr daha dachá
Mehrwertsteuer katma değer vergisi katmá de:ér wergißí
Meinung düşünce düschündsché
Menge *(Masse)* yığın jə:ən
Menü mönü mönű
merken farketmek farketmék
Messe *(wirtsch)* fuar fuár
Messer bıçak bətschák
Meter metre metré
Metzgerei kasap kaßáp
Miete kira kirá:
Mietwagen kiralık araba kiralək arabá

Migräne migren migrén
Milch süt ßüt
mild yumuşak jumuschák
mindestens en az en as
Mineralwasser maden suyu madén ßujú
Minute dakika daki:ká
mischen karıştırmak karəschtərmák
Missverständnis yanlış anlama janləsch anlamá
mit ile ilé
Mitglied üye üjé
mitkommen birlikte gelmek birlikté gelmék
mitnehmen beraberinde götürmek beraberindé götürmék
Mittag öğle ö:lé
Mittagessen öğle yemeği ö:lé jeme:í
Mitte orta ortá
Mittwoch çarşamba tscharschambá
Möbel mobilya mobílja
Mobilfunknetz mobil şebeke mobíl schebeké
modern modern modérn
mögen sevmek ßewmék
Möglichkeit olanak olanák
Mohn haşhaş hasch:ásch
Moment an an
Monat ay aj
Mond ay aj
Montag pazartesi pasárteßi
morgen yarın járən
Moschee cami dschá:mi
Moskitonetz cibinlik dschibinlík
Motel motel mótel
Motor motor motór
Motorboot motorlu tekne motórlu tekné
Motorrad motosiklet motoßiklét
Möwe martı mártə
Mücke sivrisinek ßiwrißinék
Mückenschutz sivrisinek ilacı ßiwrißinék iladschə
Mückenstich sivrisinek sokması ßiwrißinék ßokmaßə
müde yorgun jorgún
Müll çöp tschöp
Mund ağız a:əs

Mundschutz maske maßké
Münze madeni para ma:de:ní pará
Muscheln midye mídje
Museum müze müsé
Musik müzik müsík
Musiker(in) müzisyen müsißjén
Muskelkater kas tutulması káß tutulmaßə
Müsli müsli müßlí
müssen zorunda olmak sorundá olmák
Mut cesaret dscheßá:ret
Mutter anne án:e
Muttersprache ana dili aná dili
Mütze bere beré

N

nachher sonra ßónra
Nachmittag öğleden sonra ö:ledén ßonrá
Nachname soyadı ßójadə
Nachricht haber habér
Nachsaison sezon sonrası ßesón ßónraßə
Nacht gece gedsché
Nachtisch meyve ve tatlı méjwe we tatlə́
nackt çıplak tschəplák
Nadel iğne i:né
Nagel çivi tschiwí; *(Fingernagel)* tırnak tərnák
Nagellack oje osché
Name isim ißím; ad ad
Nase burun burún
nass ıslak əßlák
Nationalität milliyet mil:ijét
Nationalpark milli park míl:i park
Natur doğa do:á
natürlich doğal do:ál
Naturschutzgebiet doğal koruma alanı do:ál korumá alanə́
Navigationssystem navigasyon sistemi nawigaßjón ßißtemí
Nebel sis ßiß
neben yanında janəndá
nehmen almak almák
nein hayır hájər
nervös sinirli ßinirlí
nett sevimli ßewimlí
Netzspannung voltaj woltásch

neu **yeni** jení
neugierig **meraklı** mera:klə́
Neujahr **yılbaşı** jəlbaschə
nicht **değil** de:íl
nichts **hiç bir şey** hitsch bir schej
Nichtschwimmer **yüzme bilmeyen** jüsmé bilmején
nie **asla** áßla
niemand **hiç kimse** hitsch kimßé
Niere **böbrek** böbrék
noch **hala** há:la:
Norden **kuzey** kuséj
normal **normal** normál
Notarzt **acil servis doktoru** á:dschil ßerwíß doktorú
Notausgang **tehlike çıkışı** techliké tschəkəschə́
Notfall **acil durum** á:dschil durúm
Notruf *(Nummer)* **imdat telefonu** imdá:t telefonú
November **kasım** kaßə́m
Nudeln **makarna** makárna
Nummer **numara** númara
nur **sadece** ßa:dedsché
nützlich **yararlı** jararlə́

O

oben **yukarıda** jukardá
Obst **meyve** méjwe
oder **veya** wejá:
Ofen **soba** ßóba; *(Backofen)* **fırın** fərə́n
offen **açık** atschə́k
Öffnungszeiten **açılış-kapanış saatleri** atschələ́sch-kapanə́sch ßa:tlerí
oft **sık sık** ßək ßək
ohne **-siz** -ßis
Ohr **kulak** kulák
Ohrringe **küpe** küpé
ökologisch **ekolojik** ekoloschík
Oktober **ekim** ekím
Öl **yağ** ja:
Oliven **zeytin** sejtín
Oma **nine** ni:né
Opa **dede** dedé
Oper **opera** opéra
Orange **portakal** portakál
Oregano **mercanköşk** merdschánköschk
Organisation *(Institution)* **kurum** kurúm

Ort **yer** jer
Ortszeit **yerel saat** jerél ßa:t
Osten **doğu** do:ú
Ostern **paskalya** paßkálja
Ozon **ozon** osón

P

Paar **çift** tschift
Packung **paket** pakét
Paket **paket** pakét
Palme **palmiye** pálmije
Panne **arıza** arısá
Papagei **papağan** papa:án
Papier **kağıt** kja:t
Parfüm **parfüm** parfűm
Park **park** park
parken **park etmek** park etmék
Parkplatz **otopark** otopárk
Parkuhr **parkmetre** párkmetre
Parkverbot **park yasağı** park jaßa:ə́
Pass **pasaport** paßapórt
Passwort **şifre** schífre
Pause **ara** ará
Pension *(für Gäste)* **pansiyon** panßijón
perfekt **mükemmel** mükem:él
Person **kişi** kischí
Pfand **depozito** deposíto
Pfanne **tava** tawá
Pfeffer **toz biber** tos bibér
Pfefferminze **nane** ná:ne
Pfeife **pipo** pípo
Pferd **at** at
Pfirsich **şeftali** scheftáli
Pflanze **bitki** bitkí
Pflaster *(Wundpflaster)* **plaster** plaßtér
Pflaume **erik** erík
Picknick **piknik** píknik
Pilot(in) **pilot** pilót
Pilze **mantar** mantár
Pinzette **cımbız** dschəmbə́s
Plan **plan** plan
Plastik **plastik** plaßtík
Platz *(innerstädtischer)* **alan** alán; *(Sitzplatz)* **yer** jer
plötzlich **birden** bírden
Politiker(in) **politikacı** politikadschə́
Polizei **polis** políß
Polizist **polis memuru** políß memurú

Portion porsiyon porßijón
Postamt postane poßta:né
Postkarte kartpostal kartpoßtál
Preis fiyat fiját
preisgünstig uygun fiyata ujgún fijatá
Preisliste fiyat listesi fiját lißteßí
privat özel ösél
probieren *(versuchen)* denemek denemék; *(kosten)* tadına bakmak tadəná bakmák
Problem problem problém
Programm proğram pro:rám
Prospekt broşür broschǘr
Prozent yüzde jüsdé
Pudding muhallebi muchál:ebi:
Puls nabız nabə́s
pünktlich zamanında samanəndá
putzen temizlemek temislemék
Putzmittel temizlik malzemesi temislík malsemeßí

Q

Qualität kalite kalité; nitelik nitelík
Qualle deniz anası denís anaßə́
Quelle kaynak kajnák
Quittung makbuz makbús

R

Rabatt iskonto ißkónto
Radio radyo rádjo
Radtour bisiklet turu bißiklét turu
Radweg bisiklet yolu bißiklét jolú
rasieren tıraş etmek trasch etmék
Raststätte dinlenme tesisleri dinlenmé teßißlerí
Rathaus belediye binası beledijé binaßə́
Ratte sıçan ßətschán
rauchen sigara içmek ßigára itschmék
Rechnung fatura fatúra
rechts sağ ßa:

rechtzeitig zamanında samanəndə
reden *(miteinander)* sohbet etmek ßochbét etmék
regelmäßig düzenli olarak düsenlí olarák
Regenbogen gökkuşağı gőkuscha:ə
Regenschirm şemsiye schemßi:jé
regional bölgesel bölgeßél
regnen yağmur yağmak ja:múr ja:mák
Reh karaca karadschá
reich zengin sengín
Reihe sıra ßərá
Reinigung kuru temizleme kúru temislemé
Reis pirinç piríntsch; *(Gericht)* pilav piláw
Reise seyahat ßeja:chát
Reisebüro seyahat acentesi ßeja:hát adschenteßí
Reisegruppe seyahat grubu ßeja:chát grubú
Reiseleiter(in) turist rehberi turíßt rehberí
reisen seyahat etmek ßeja:hát etmék
Reisepass pasaport paßapórt
reiten ata binmek atá binmék
Reklamation şikâyet schika:jét
Rentner(in) emekli emeklí
Reparatur tamir tamír
Reservereifen yedek lastik jedék laßtík
reservieren rezervasyon yapmak reserwaßjón japmák
reserviert rezerve reserwé
Rest artık arták
Restaurant restoran reßtorán
Rettungsring cankurtaran simidi dschánkurtaran ßimidí
Rezeption resepsiyon reßepßijón
richtig doğru do:rú
Richtung istikamet ißtiká:met
Rindfleisch sığır eti ßə:ər etí

Ring **halka** halká; *(Fingerring)* **yüzük** jüsǘk
Riss **yırtık** jərtək
Rock **etek** eték
roh **çiğ** tschi:
Rollstuhl **tekerlekli sandalye** tekerleklí ßandálje
Rolltreppe **yürüyen merdiven** jürüjén merdiwén
romantisch **romantik** romantík
rosa **pembe** pembé
Rose **gül** gül
rot **kırmızı** kərməsə́
Rotwein **kırmızı şarap** kərməsə́ scharáp
Rücken **sırt** ßərt
rückerstatten **iade etmek** ia:dé etmék
Rückfahrt *(Rückreise)* **dönüş yolculuğu** dönǘsch joldschulu:ú
Rückgabe **iade** iá:de
Rucksack **sırt çantası** ßərt tschantaßə́
rückwärts **geri** gerí
Rückweg **dönüş (yolu)** dönǘsch (jolu)
Ruderboot **sandal** ßandál
rudern **kürek çekmek** kürék tschekmék
Ruhetag **kapalı gün** kapalə́ gün
ruhig **sakin** ßa:kín
Rundfahrt **tur** tur
Rundgang **tur** tur
rutschig **kaygan** kajgán

S

Sackgasse **çıkmaz sokak** tschəkmás ßokák
Saft **meyve suyu** méjwe ßujú
sagen **söylemek** ßöjlemék
Sahne **kaymak** kajmák
Salat **salata** ßalatá
Salbe **merhem** merchém
Salz **tuz** tus
sammeln **toplamak** toplamák
Samstag **cumartesi** dschumarteßí

Sand kum kum
Sänger(in) şarkıcı scharkədschə
satt sein doymak dojmák
Satz cümle dschümlé
sauber temiz temís
sauer *(Speise)* ekşi ekschí; *(verärgert)* öfkeli öfkelí
Sauna sauna ßaúna
Schaden zarar sarár
Schaf koyun kojún
Schaffner(in) kondüktör kondüktőr
Schal kaşkol kaschkól
Schalter elektrik düğmesi elektrík dü:meßí; *(Fahrkarten, Bank usw.)* vezne wesné
scharf acı adschə
Schatten gölge gölgé
Schauspieler(in) oyuncu ojundschú
Scheibenwischer silecekler ßiledscheklér
schenken hediye etmek hedijé etmék
Schere makas makáß
schick şık schək
schicken göndermek göndermék
schieben itmek itmék
Schiff gemi gemí
Schifffahrt *(Fahrt)* gemi yolculuğu gemí joldschulu:u
Schild levha léwcha
Schimmel küf küf
schlafen uyumak ujumák
Schlafsack uyku tulumu ujkú tulumú
Schlafwagen yataklı vagon jatakla wagón
Schlange *(Tier)* yılan jəlán
Schlauchboot şişme bot schischmé bot
schlecht kötü kötű
schließen kapamak kapamák
Schließfach kilitli dolap kilitlí doláp
Schloss saray ßaráj; *(Tür)* kilit kilít
Schluss son ßon
Schlüssel anahtar anachtár
Schlussverkauf mevsim sonu satış mewsím ßonú ßatəsch

schmal dar dar
schmecken beğenmek be:enmék
schmerzhaft ağrılı a:rılə
Schmerzmittel ağrı ilacı a:rə iladschə
Schmetterling kelebek kelebék
Schmuck takı takə
schmutzig kirli kirlí
Schnaps sert içki ßert itschkí
Schnecke salyangoz ßaljangós
Schnee kar kar
schnell hızlı həslə
Schnorchel şnorkel schnórkel
Schnuller emzik emsík
Schnupfen nezle neslé
Schokolade çikolata tschikoláta
schön güzel güsél
Schrank dolap doláp
Schraubenzieher tornavida tornawída
schreiben yazmak jasmák
schüchtern utangaç utangátsch
Schuhe ayakkabı aják:abə
Schule okul okúl
Schulter omuz omús
Schutz koruma korumá
schwach zayıf sajəf
schwanger hamile há:mile
schwarz siyah ßijách
Schwein domuz domús
Schweinefleisch domuz eti domús etí
schwer ağır a:ər
Schwester kız kardeş kəs kardésch
schwierig güç gütsch
Schwimmbad yüzme havuzu jüsmé hawusú
schwimmen yüzmek jüsmék
schwitzen terlemek terlemék
schwül bunaltıcı bunaltədschə
See göl göl
seekrank deniz tutması denís tutmaßə
Segelboot yelkenli jelkenlí
segeln yelkenliyle gitmek jelkenlíjle gitmék
sehen görmek görmék

Sehenswürdigkeiten görülmeye değer yerler görülmejé de:ér jerlér
sehr çok tschok
Seide ipek ipék
Seife sabun ßabún
Seil ip ip
seit -den beri -den berí
Sekt köpüklü şarap köpüklǘ scharáp
Sekunde saniye ßá:nije
Selbstbedienung self servis ßelf ßerwíß
selten seyrek ßejrék
Senf hardal hardál
September eylül ejlǘl
Serviette peçete petscheté
Sex seks ßekß
Shampoo şampuan schampuán
sicher emin emín
Sicherheitsgurt emniyet kemeri emnijét kemerí
Sicherung sigorta ßigórta
Sicht görüş görǘsch
Silber gümüş gümǘsch
Silvester *(abend)* yılbaşı gecesi jəlbaschı gedscheßi
singen şarkı söylemek scharkə ßöjlemék
Single tek yaşayan ték jaschaján
Sitzplatz oturacak yer oturadschák jer
Ski kayak kaják
SMS sms eß-em-eß
Socken çorap tschoráp
sofort hemen hemén
sogar hatta hát:a:
Sohn oğul o:úl
Sommer yaz jas
Sonderangebot indirim indirím
Sonne güneş günésch
Sonnenaufgang gün doğumu gün do:umú
Sonnenbrand güneş yanığı günésch janə:ə́
Sonnenbrille güneş gözlüğü günésch göslü:ǘ
Sonnencreme güneş kremi günésch kremí
Sonnenhut güneş şapkası günésch schapkaßə
Sonnenschirm şemsiye schemßijé

Sonnenuntergang gün batımı gün batəmə
Sonntag pazar pasár
Sorte çeşit tscheschít
Soße sos ßoß
Souvenir hatıralık eşya ha:təralək eschja:
spät geç getsch
Spaziergang gezinti gesintí
Speicherkarte bellek kartı bel:ék kartə
speichern *(Datei)* kaydetmek kajdetmék
Speisekarte yemék listesi jemék lißteßi
Speisewagen yemekli vagon jemeklí wagón
Spezialität meşhur (yemek) meschchúr (jemék)
Spiegel ayna ajná
Spiegelreflexkamera SLR kamera ße-le-ré kamerá
Spiel oyun ojún
Spielplatz çocuk parkı tschodschúk parkə
Spinne örümcek örümdschék
Sport spor ßpor
Sprache dil dil
sprechen konuşmak konuschmák
Spülmaschine bulaşık makinesi bulaschək makineßí
Spülmittel deterjan deterschán
Stachel *(Pflanze)* diken dikén; *(Insekt)* iğne í:ne
Stadt şehir schechír
Stadtplan şehir planı schehír planə
Stadtrundfahrt şehir turu schechír turú
Stadtteil semt ßemt
stark güçlü gütschlű
Start kalkış kalkəsch
Stativ statif ßtatíf
statt yerine jeriné
Stau trafik sıkışıklığı trafík ßəkəschəklə:ə
staubig tozlu toslú
Staubsauger elektrik süpürgesi elektrík ßüpürgeßí
Steckdose priz pris
stehlen çalmak tschalmák
steil dik dik
Stein taş tasch

Stern yıldız jəldə́s
Stich sokma ßokmá
stickig boğucu bo:udschú
Stier boğa bo:á
Stift kalem kalém
still sessiz ßeß:ís
Stimme ses ßeß
stinken pis kokmák píß kokmák
Stoff kumaş kumásch
stolz gururlu gururlú
Storch leylek lejlék
Störung rahatsızlık rachátßəzlək; *(technisch)* arıza a:rəsá
Strafzettel ceza kâğıdı dschesá: kja:də́
Strand sahil ßa:chíl
Straße cadde dschad:é
Straßenarbeiten yol yapım çalışmaları jol japə́m tschaləschmalarə́
Straßenbahn tramvay tramwáj
Strecke *(Route)* gezi yolu gesí jolu; *(Distanz)* mesafe meßá:fe
Streichhölzer kibrit kibrít
Streik grev grew
stressig stresli ßtreßlí
Strom elektrik elektrík
Stromausfall elektrik kesilmesi elektrík keßilmeßí
Strömung akıntı akəntə́
Stück tane tá:ne
Student erkek öğrenci erkék ö:rendschí
studieren öğrenim yapmak ö:rením japmák
Stuhl sandalye ßandálje
stumm *(still)* sessiz ßeß:ís
Stunde saat ßa:t
Sturm fırtına fərtə́na
Sturmwarnung fırtına uyarısı fərtəná ujarəßə́
Sturz düşme düschmé
suchen aramak aramák
Süden güney günéj
Summe toplam toplám
Supermarkt süpermarket ßüpermárket
Suppe çorba tschórba
surfen sörf yapmak ßörf japmák; *(Internet)* internette gezinmek internet:é gesinmék
süß tatlı tatlə́

Swimmingpool yüzme havuzu jüsmé hawusú
sympathisch sempatik ßempatík

T

Tabak tütün tütǘn
Tablette hap hap
Tag gün gün
täglich günlük günlǘk
tanken benzin almak bensín almák
Tankstelle benzin istasyonu bensín ißtaßjónu
tanzen dans etmek danß etmék
Tasche çanta tschánta; *(Einkaufstasche)* alışveriş çantası aləschwerísch tschántaßə; *(Hosentasche)* cep dschep
Taschenlampe el feneri el fenerí
Taschenmesser çakı tschakə́
Taschentuch mendil mendíl
Tasse fincan findschán
taub *(gehörlos)* sağır ßa:ər
Taube güvercin güwerdschín
tauchen dalmak dalmák
tauschen değişmek de:ischmék
Taxi taksi tákßi
Tee çay tschaj
Telefon telefon telefón
Telefonkarte telefon kartı telefón kartə́
Telefonnummer telefon numarası telefón númaraßə
Teller tabak tabák
Temperatur hava sıcaklığı hawá ßədschaklə:ə́
Tennis tenis teníß
Terrasse teras teráß
teuer pahalı pachalə́
Theater tiyatro tijátro
Thunfisch torik torík
Ticket bilet bilét
tief derin derín
Tier hayvan hajwán
Tierarzt veteriner weterinér
Tipp *(Rat)* tavsiye tawßijé
Tisch masa maßá
Tischtennis masa tenisi maßá teníßi

Tochter kız kəs
Toilette tuvalet tuwalét
Toilettenpapier tuvalet kağıdı tuwalét ka:ədə́
toll müthiş mütchísch
Tomate domates domáteß
Topf tencere tendscheré
tot ölü ölű
Tour tur tur
Training antrenman antrenmán
trampen otostop yamak otostóp japmák
Traum rüya rü:já:
traurig üzgün üsgűn
Treffpunkt buluşma yeri buluschmá jerí
trennen ayırmak ajərmák
Treppe merdiven merdiwén
Tretboot deniz bisikleti denís bißikletí
trinken içmek itschmék
Trinkgeld bahşiş bachschísch
Trinkwasser içme suyu itschmé ßujú
trocken kuru kurú
T-Shirt tişört tíschört
tun yapmak japmák
Tunnel tünel tünél
Tür kapı kapə́
Türke Türk türk
Türkei Türkiye türkijé
Türkin Türk türk
türkis boncuk mavisi bondschúk ma:wißí
türkisch Türk türk; auf Türkisch Türkçe(si) türktsche(ßi)
Turm kule kulé
Turnschuhe spor ayakkabısı ßpor ajak:abəßə́
Tüte poşet poschét
typisch tipik tipík

U

U-Bahn metro métro
Übelkeit fenalık fena:lək
überfüllt tıka basa dolu tə́ka báßa dolú
Übergepäck fazla bagaj faslá bagásch
überlegen düşünmek düschünmék
übermorgen öbür gün ő́bür gün

Übernachtung konaklama konaklamá
überprüfen kontrol etmek kontról etmék
überqueren karşıya geçmek karschəjá getschmék
Überraschung *(freudige)* sürpriz ßürprís
Überschwemmung su baskını ßú baßkənə́
übersetzen çevirmek tschewirmék
Übersetzer(in) çevirmen tschewirmén
Überweisung havale hawá:le
übrig geri kalan gerí kalán
Übung alıştırma aləschtərmá
Ufer sahil ßachíl; *(Fluss)* kıyı kəjə́
Uhr saat ßa:t; *(Armbanduhr)* kol saati kol ßa:tí; *(Wanduhr)* duvar saati duwár ßa:tí
Uhrzeit saat (ayarı) ßa:t (ajarə́)
Umgebung civar dschiwár
Umleitung *(Auto)* aktarma yolu aktarmá jolu
umsonst *(gratis)* ücretsiz üdschretßís; *(vergeblich)* boşuna boschuná
umsteigen aktarma yapmak aktarmá japmák
umtauschen değiştirmek de:ischtirmék
Umweg dolambaçlı yol dolambatschlə́ jol
Umwelt çevre tschewré
umweltfreundlich çevre dostu tschewré doßtú
unbequem rahatsız rachatßə́s
und ve we
undeutlich belirsiz belirßís
undicht *(Wasserhahn)* su kaçıran ßú katschərán
Unfall kaza kasá
ungefähr yaklaşık jaklaschə́k
ungefährlich tehlikesiz techlikeßís
ungemütlich rahatsız rachatßə́s
Ungeziefer haşarat *pl* haschará:t

Unglück talihsizlik talichßislík
ungültig geçersiz getscherßís
unhöflich nezaketsiz nesa:ketßís
Universität üniversite üniwérßite
unklar belirsiz belirßís
Unkosten masraf maßráf
unmöglich imkansız imka:nßəs
unschuldig suçsuz ßutschßús
unsympathisch antipatik antipatík
unten aşağıda ascha:ədá
Unterführung alt geçit ált getschit
Unterkunft kalacak yer kaladschák jer
Unterschied fark fark
unterschreiben imzalamak imsalamák
untersuchen *(med)* muayene etmek mua:jené etmék
Unterwäsche iç çamaşır itsch tschamaschər
unterwegs yolda joldá
Unwetter kasırga kaßərgá
unwichtig önemsiz önemßís
unwohl rahatsız rahatßəs
unzufrieden memnun de:il mémnun de:íl
Urlaub tatil tá:til
USB-Stick USB çubuğu ju-eß-bi tschubú:
UV-Filter uv filtre ültrawijolé fíltre

V

Vanille vanilya wanílja
Vater baba babá
vegan hayvansal içerik içermeyen hajwanßál itscherík itschérmejen
Veganer(in) wegan wegán
Vegetarier(in) vejetarjen weschetarjén
vegetarisch vejetaryen weschetarjén
Ventilator vantilatör wantilatő́r
Verabredung sözleşme ßösleschmé
Veranstaltung etkinlik etkinlík

verantwortlich sorumlu ßorumlú
Verbandszeug sargı malzemesi ßargə malsemeßí
verboten yasak jaßák
verdienen *(Geld)* kazanmak kasanmák; *(Lob, Strafe)* hak etmek hak etmék
Verfallsdatum son kullanma tarihi ßon kul:anmá tarichí
verfügbar elde bulunan eldé bulunán
vergessen unutmak unutmák
Vergiftung zehirleme sehirlemé
Vergnügen eğlence e:lendsché
verhaften tutuklamak tutuklamák
verheiratet evli ewlí
Verkauf satış ßatəsch
Verkehr trafik trafík
verlängern uzatmak usatmák
Verletzung yaralanma jaralanmá
verliebt âşık á:schək
verlieren yenilmek jenilmék
verlobt nişanlı nischanlə́
vermieten kiraya vermek kira:já wermék
verreisen seyahate çıkmak ßeja:chaté tschəkmák
Versicherung sigorta ßigórta
Verspätung gecikme gedschikmé
versprechen söz vermek ßös wermék
Verständigung haberleşme haberleschmé
verstehen anlamak anlamák
Vertrag sözleşme ßösleschmé
Verwandte(r) akraba akrabá
verwöhnen şımartmak schəmartmák
viel çok tschok
vielleicht belki bélki
Virus virüs 'wirüß
Visum vize 'wise
Vitamin vitamin witamín
Vogel kuş kusch
voll dolu dolú
Volleyball voleybol wolejból

Vollkornbrot kepek ekmek kepék ekmék
Vollmilch tam yağlı süt tám ja:lə ßűt
Vollpension tam pansiyon tám panßijón
von -den -den
Voranmeldung ön kayıt ön kajət
Vorfahrt geçiş hakkı getschísch hak:ə́
vorgestern önceki gün őndscheki gün
vorläufig geçici getschidschí
Vormittag öğleden önce ö:ledén öndsché
Vorname ad ad
Vorsaison sezon öncesi ßesón öndschəßí
Vorschlag öneri önerí; teklif teklíf
Vorschrift kural kurál
Vorsicht! Dikkat! dik:át!
Vorspeise meze mesé
vorübergehend geçici (olarak) getschidschí (olarák)

W

wach uyanık ujanə́k
Wagenheber kriko kríko
Waggon vagon wagón
wählen seçmek ßetschmék
Währung para pará
Wal balina balína
Wald orman ormán
Wand duvar duwár
wandern yaya gezmek jajá gesmék
Wanderweg patika pátika
wann ne zaman né-saman
warm sıcak ßədschák
Warnung uyarı ujarə́
Warnweste uyarı yeleği ujarə́ jele:í
warten beklemek beklemék
warum niçin nitschín
was ne ne
Wäsche çamaşır tschamaschə́r
Wäscheleine çamaşır ipi tschamaschə́r ipí
waschen yıkamak jəkamák
Waschmaschine çamaşır makinesi tschamaschə́r makineßí

Waschmittel **çamaşır tozu** tschamaschər tosú
Wasser **su** ßu
wasserdicht **su geçirmez** ßú getschirmés
Wassermelone **karpuz** karpús
Wasserski **su kayağı** ßu kaja:ə́
Watte **pamuk** pamúk
WC **tuvalet** tuwalét
Wechselgeld **bozuk para** bosúk pará
wechseln *(Geld)* **bozdurmak** bosdurmák
wecken **uyandırmak** ujandərmák
weg **gitti** git:í; *(verloren)* **kayboldu** kajboldú
Weg **yol** jol
wegfahren **taşıtla gitmek** taschə́tla gitmék
Wegweiser **yol işareti** jol ischaretí
wehtun **ağrımak** a:rəmák
Weihnachten **noel** noél
weil **çünkü** tschünkű
Wein **şarap** scharáp
weinen **ağlamak** a:lamák
Weintrauben **üzüm** üsűm
weiß **beyaz** bejás
Weißwein **beyaz şarap** bejás scharáp
weit **uzak** usák
Weitwinkelobjektiv **geniş açılı objektif** genísch atschələ́ obschektíf
Weizen **buğday** bu:dáj
Welle **dalga** dalgá
Welt **dünya** dünjá:
wenig **az** as
wer **kim** kim
Werbung **reklam** reklám
werden **olmak** olmák
Werkstatt **tamirhane** ta:mirchá:ne
Werktag **çalışma günü** tschaləschmá günű
Werkzeug **alet** á:let
Wertsachen **kıymetli eşya** *sg* kəjmetlí eschjá:
Wespe **yaban arısı** jabán arəßə
Westen **batı** batə́
Wetter **hava** hawá
wichtig **önemli** önemlí
wie **nasıl** náßəl; *(Vergleich)* **gibi** gibí

wieder tekrar tékrar
wiederholen tekrar etmek tékrar etmék
Wiese çimenlik tschimenlík
Wildschwein yaban domuzu jabán domusú
willkommen hoş hosch
Wind rüzgar rüsgár
Windschutzscheibe ön cam őn dscham
winken el sallamak él ßal:amák
Winter kış kəsch
wir biz bis
Wirbelsäule belkemiği bélkemi:i
wissen bilmek bilmék
WLAN kablosuz internet, kabloßús internét, Wi-Fi wájfaj
wo nerede nérede
Woche hafta haftá
Wochenende hafta sonu haftá ßonú
wohin nereye nerejé
wohnen oturmak oturmák; *(vorübergehend)* kalmak kalmák
Wohnmobil otokaravan otokarawán
Wohnung konut konút
Wohnwagen karavan karawán
Wolf kurt kurt
Wolke bulut bulút
Wolle yün jün
wollen istemek ißtemék
Wort kelime kelimé; sözcük ßősdschük
Wörterbuch sözlük ßöslǘk
Wunde yara jará
Wunsch istek ißték
Wurm solucan ßoludschán
Wurst salam ßalám; *(türkische)* sucuk ßudschúk
Wurzel kök kök
würzig baharatlı bacharatlə́

Z

zäh *(Fleisch)* sert ßert
Zahl rakam rakám; *(Ziffer)* sayı ßajə́
zahlen ödemek ödemék; *(Gaststätte)* hesap ödemek heßáp ödemék

Zahn diş disch
Zahnarzt diş hekimi
disch hekimí
Zahnbürste diş fırçası disch
fərtschaßə́
Zange kerpeten kerpetén
Zaun çit tschit
Zecke kene kené
Zehe ayak parmağı
aják parma:ə́
zeigen göstermek
gößtermék
Zeit zaman samán
Zeitung gazete gaséte
Zelt çadır tschadə́r
Zeltplatz kamp yeri
kámp jerí
zentral merkezi merkesí
Zentrum merkez merkés
Ziege keçi ketschí
ziehen çekmek tschekmék
Zigaretten sigaralar
ßigaralár
Zimmer oda odá
Zimt tarçın tartschə́n
Zitrone limon limón
Zoll gümrük gümrǘk
zollfrei gümrükten muaf
gümrüktén muá:f
zu viel fazla fásla
zu wenig pek az pek as
Zubereitung hazırlama
hasırlamá
Zucker şeker schekér
zufrieden memnun
memnú:n
Zug *(Bahn)* tren tren
Zukunft gelecek geledschék
zulässig izin verilmiş
isín werilmísch
Zunge dil dil
zurück geri gerí
zurückgeben geri vermek
gerí wermék
zusammen birlikte birlikté
zusammen bezahlen birlikte
ödemek birlikté ödemék
zusätzlich ek olarak
ek olarák
Zuschlag ek ödeme
ek ödemé
zuständig yetkili jetkilí
zuverlässig güvenilir
güwenilír
zweisprachig iki dilli
ikí dil:í
Zwiebel soğan ßo:án
zwischen arasına araßəná

Das türkische Alphabet

A a	B b	C c	Ç ç	D d
E e	F f	G g	Ğ ğ	H h
I ı	İ i	J j	K k	L l
M m	N n	O o	Ö ö	P p
R r	S s	Ş ş	T t	U u
Ü ü	V v	Y y	Z z	

Türkisch–Deutsch

A

acı scharf
acımak wehtun
acil durum Notfall
acil servis doktoru Notarzt
açık deutlich, geöffnet, offen, hell, klar
açık yüzme havuzu Freibad
açıklama Erklärung
açılış-kapanış saatleri Öffnungszeiten
açlık Hunger
ad Name, Vorname
ada Insel
adaptör Adapter
adı olmak heißen
adres Adresse
ağaç Baum
ağız Mund
ağlamak weinen
ağustos August
ahşap Holz
ahududu Himbeeren
aile Familie
ait olmak gehören
akıntı Strömung
akraba Verwandte(r)
akşam Abend
akşam yemeği Abendessen
aktarma yapmak umsteigen
aktarma yolu Umleitung
akü Akku
alacak Guthaben
alan Platz *(städtisch)*
alçak flach *(niedrig)*
alçak sesle leise *(sprechen)*
alerjik allergisch
alet Instrument, Werkzeug
alıştırma Übung
alışveriş merkezi Einkaufszentrum
alışveriş yapmak einkaufen
alkol Alkohol
alkolsüz alkoholfrei
almak nehmen
Alman deutsch, Deutsche(r)
Almanca(sı) auf Deutsch
Almanya Deutschland
alt geçit Unterführung
altın Gold

ama aber
amaç Ziel
ambulans Krankenwagen
amca Onkel
ampul Glühbirne
an Moment
ana-baba Eltern
ana dili Muttersprache
ana yemek Hauptgericht
anahtar Schlüssel
anlamak verstehen, erzählen
anne Mutter
antipatik unsympathisch
aptal dumm
ara Pause
araba kağıtları Fahrzeugpapiere
araba kiralama Autovermietung
araba plakası Kennzeichen *(Auto)*
araba vapuru Autofähre
aralık Dezember
aralıksız durchgehend
aramak suchen
arasına zwischen
araştırmak untersuchen
arazi arabası Geländewagen
arı Biene
arıza Panne, Störung *(technisch)*
arızalı kaputt
arkada hinten
arkadaş Freund
arkasında hinter
armut Birne
artı zuzüglich
artık Rest
arzu Lust
asansör Aufzug, Fahrstuhl
asla nie
aşağı hinunter
aşağıda unten
aşçı Koch
aşı Impfung
aşırı sıcak Hitze
at Pferd
ata binmek reiten
ateş Feuer, Fieber
avro Euro
ay Monat, Mond
ayak Fuß
ayak parmağı Zehe
ayakkabı Schuhe
ayakta duracak yer Stehplatz
ayaküstü yemek Imbiss

ayar Karat *(Gold)*
ayı Bär
ayırmak trennen
ayin Messe *(rel)*
ayna Spiegel
aynısı dasselbe
ayrı extra *(gesondert)*, getrennt
ayrı ödemek getrennt bezahlen
ayrılma Abreise
az wenig
azami maximal

B

baba Vater
bacak Bein
bagaj Gepäck
bagaj emaneti Gepäckaufbewahrung
bağlantı kablosu Verbindungskabel
bahçe Garten
bahşiş Trinkgeld
balayı *sg* Flitterwochen
balık Fisch
balıkçı teknesi Fischerboot
balık tutmak fischen
balina Wal
banka Bank
bankamatik Geldautomat
bankamatik kartı EC-Karte
banyo Bad
bar Kneipe
bardak Glas
basit einfach
bastırmak drucken
baş Kopf
baş ağrısı *sg* Kopfschmerzen
başka yoldan geçirme Umleitung
başkent Hauptstadt
başparmak Daumen
batı Westen
battaniye Decke
bavul Koffer
bay Herr *(auch Anrede)*
bayan Dame, Frau *(Anrede)*
bayrak Flagge
bayram Fest
bazen manchmal
bebek Baby
bedava gratis, umsonst
beden Größe

beğenmek gefallen, schmecken
bekar ledig
beklemek erwarten, warten
belediye binası Rathaus
belirsiz undeutlich, unklar
belirti Kennzeichen
belki vielleicht
bellek kartı Speicherkarte
belli deutlich
ben ich
benzer ähnlich
benzin Benzin
benzin almak tanken
benzin istasyonu Tankstelle
beraberinde götürmek mitnehmen
berbat schlimm
berber Friseur
bere Mütze
bey Herr *(Anrede)*
beyaz weiß
beyaz şarap Weißwein
bıçak Messer
biberiye Rosmarin
bilet Eintrittskarte, Fahrkarte, Ticket
bilet gişesi Kasse *(für Eintrittskarten)*
bilgi Auskunft
bilgisayar Computer
bilinen bekannt
bilmek kennen, wissen
biniş kartı Bordkarte
binmek einsteigen
bir kez einmal
bir kimse jemand
bir şey etwas
bira Bier
biraz etwas *(ein wenig)*
birazdan bald
birden plötzlich
birisi jemand
birlikte gemeinsam, zusammen
bisiklet Fahrrad
bisiklet turu Radtour
bisiklet yolu Radweg
bisküvi Kekse
bit pazarı Flohmarkt
bitirmek beenden
bitişik nah(e)
bitki Pflanze
bitmek aufhören
bitmiş fertig

biyolojik biologisch
biz wir
bluz Bluse
boğaz Hals
boğaz ağrısı *sg* Halsschmerzen
boncuk mavisi türkis
boş frei *(Platz)*, leer
boşanmış geschieden
boşuna vergeblich
bozdurmak einlösen *(Scheck)*, wechseln *(Geld)*
bozuk defekt, schlecht *(Essen)*
bozuk para Kleingeld, Wechselgeld
broşür Prospekt
bugün heute
buğday Weizen
buhar banyosu Whirlpool
bulaşıcı ansteckend
bulaşık kurulama bezi Geschirrtuch
bulaşık makinesi Spülmaschine
bulmak finden
buluşmak sich treffen
bulut Wolke
buna göre danach
bungalov Bungalow
burada hier
burun Nase
buyurun bitte *(bitte sehr)*
buz Eis
buz kübü Eiswürfel
buzdolabı Kühlschrank
büyük groß
büyükanne-baba Großeltern

C

cadde Straße
cami Moschee
cankurtaran simidi Rettungsring
ceket Jacke
cep Tasche *(Hosentasche)*
cep telefon numarası Handynummer
cep telefonu Handy
ceza kâğıdı Strafzettel
cımbız Pinzette
cibinlik Moskitonetz
ciddi ernst
cilt Haut
civar Umgebung

cuma Freitag
cumartesi Samstag
cümle Satz
cüzdan Geldbeutel

Ç

çabuk schnell
çadır Zelt
çakı Taschenmesser
çakmak Feuerzeug
çalgı Instrument *(Musik)*
çalışma Arbeit
çalışma günü Werktag
çalmak stehlen
çamaşır Wäsche
çamaşır ipi Wäscheleine
çamaşır makinesi Waschmaschine
çamaşır tozu Waschmittel
çanta Tasche
çarşamba Mittwoch
çarşı Markt
çatal Gabel
çatal-kaşık Besteck
çatı Dach
çay Tee
çayır Wiese
çekici aracı Abschleppwagen
çekiç Hammer
çekirge Heuschrecke
çekmek ziehen
çeşit Sorte
çevirmek übersetzen
çevirmen Übersetzer(in)
çevre Umwelt
çevre dostu umweltfreundlich
çıkış Ausgang
çıkmaz sokak Sackgasse
çiçek Blume
çift Paar
çiftlik Bauernhof
çiğ roh
çiklet Kaugummi
çikolata Schokolade
çilek Erdbeeren
çit Zaun
çivi Nagel
çocuk Kind
çocuk arabası Kinderwagen
çocuk hastalıkları uzmanı Kinderarzt
çocuk koltuğu Kindersitz
çocuk parkı Spielplatz
çok sehr, viel

çorap Socken
çorba Suppe
çöp Müll
çözüm Lösung
çukur Loch
çünkü weil

D

da auch
dağ Berg
dağcı kurtarma ekibi Bergwacht
daha mehr
daha iyi besser
dahi auch
dahil inbegriffen, inklusive
daima immer
dakika Minute
dalga Welle
dalmak tauchen
dana Kalb
dana eti Kalbfleisch
danışma Auskunft *(Schalter)*
dans etmek tanzen
dar eng, schmal
davet(iye) Einladung
dayanıklı haltbar
dayı Onkel
dede Opa
değerli kostbar
değersiz dumm *(Sache)*
değil nicht
değişmek tauschen
değiştirmek auswechseln, umtauschen
delik Loch
demek heißen *(bedeuten)*
denemek probieren
denetlemek prüfen
deneyim Erfahrung
deniz Meer
deniz anası Qualle
deniz bisikleti Tretboot
deniz mahsulleri Meeresfrüchte
deniz tutması seekrank
denize girmek baden *(im Meer)*
depo etmek speichern
depozit Kaution
depozito Pfand
deprem Erdbeben
dere Bach
derece Grad
derhal sofort

deri Leder
derin tief
deterjan Spülmittel
dezenfektan Desinfektionsmittel
dik steil
diken Stachel *(Tier/Pflanze)*
Dikkat! Vorsicht!
dikkate almak beachten
dil Sprache, Zunge
dinlemek hören *(zuhören)*
dinlenme Erholung
dinlenme tesisleri Raststätte
dinlenmek sich ausruhen
diş Zahn
diş fırçası Zahnbürste
diş hekimi Zahnarzt
dişler dizisi Gebiss
diz Knie
doğa Natur
doğal natürlich
doğal koruma alanı Naturschutzgebiet
doğruca geradeaus
doğrudan direkt
doğu Osten
doğum günü Geburtstag
doğum tarihi Geburtsdatum
doğum yeri Geburtsort
doktor Arzt, Ärztin
dokunmak berühren
dolambaçlı yol Umweg
dolap Schrank
doldurmak ausfüllen
dolu Hagel
dolu ausgebucht, besetzt
dolu voll
domates Tomate
domuz Schwein
domuz eti Schweinefleisch
donmak frieren *(Eis)*
doymak satt sein
dönüş (yolu) Rückweg
dönüş yolculuğu Rückfahrt
dudak Lippe
durak Haltestelle
durma Aufenthalt
durma yasağı Halteverbot
durmak halten, anhalten
duş Dusche
duvar Mauer, Wand
düğme Knopf
düğün Hochzeit
dükkan Geschäft, Laden
dün gestern
dünya Welt

dürbün Fernglas
dürüst ehrlich
düşme Sturz, Fall
düşünce Meinung
düz flach, glatt
düzeltmek korrigieren
düzenli olarak regelmäßig

E

ebeveyn Eltern
-ebilmek dürfen, können
ecza deposu Drogerie
eczane Apotheke
eğitmen Erzieher(in)
eğlence Vergnügen, Spaß
ehliyet Führerschein
ekim Oktober
ekmek Brot
ekolojik ökologisch
eksik olmak fehlen
ekstra extra *(besonders)*
el Hand
el bagajı Handgepäck
el çantası Handtasche
el feneri Taschenlampe
el sallamak winken
elbise Kleid
elbise askısı Kleiderbügel
elde bulunan verfügbar
elektrik Strom
elektrik düğmesi Lichtschalter
elektrik kesilmesi Stromausfall
elektrik süpürgesi Staubsauger
elektrikçi Elektriker(in)
elma Apfel
emekli Rentner(in)
emniyet kemeri Sicherheitsgurt
emzik Schnuller
en az mindestens
en fazla höchstens
enfeksiyon Infektion
engelli Behinderte(r)
engellilere uygun behindertengerecht
e-posta E-Mail
erik Pflaume
erkek Mann
erkek kardeş Bruder
erkek öğrenci Student
erken früh
eski alt

eski şehir Altstadt
eskiden früher
espri Witz
eş Ehefrau, Ehemann, Paar
eş cinsel homosexuell
eşek Esel
et Fleisch
etek Rock
etkinlik Veranstaltung
etmek kosten
etyemez Vegetarier(in)
euro Euro
ev Haus
ev hayvanı Haustier
ev kadını Hausfrau
evde yapılmış hausgemacht
evet ja
evlenmek heiraten
evli verheiratet
evli çift Ehepaar
eylül September

F

fakir arm
fare Maus
fark Unterschied
farketmek merken
farketmez egal
fatura Rechnung
fazla mehr als, zu viel
fazla bagaj Übergepäck
fenalık Übelkeit
fener kulesi Leuchtturm
feribot Fähre
fesleğen Basilikum
fındık Haselnuss
fırın Backofen, Bäckerei
fırtına Gewitter, Sturm
fırtına uyarısı Sturmwarnung
fıstık Erdnuss
fikir Idee
film Film
filtre Filter
fincan Tasse
firma Firma
fiyat Preis
fiyat listesi Preisliste
flört etmek flirten
form Formular
formunda fit
fotoğraf Bild, Foto
fotoğraf makinesi Kamera
fren Bremse *(Auto)*
futbol Fußball

G

garanti Garantie
garnitür Beilage
garson Kellner(in)
gaz ocağı Gaskocher
gazete Zeitung
gazlı ocak Gasherd
gazoz Limonade
gece Nacht
gecikme Verspätung
geç spät
geçerli gültig
geçerli olmak gelten *(gültig sein)*
geçersiz ungültig
geçici vorläufig; vorübergehend
geçiş hakkı Vorfahrt
geçit Durchfahrt
geçmek überholen
gel Flut
gelecek Zukunft
gelip almak holen
gelmek kommen
gemi Schiff
gemicilik Schifffahrt
genç jung, Junge
geniş açılı objektif Weitwinkelobjektiv
gereksinmek brauchen
geri rückwärts, zurück
geri kalan übrig
geri vermek rückerstatten, zurückgeben
gezi Ausflug
gezi yolu Strecke *(Route)*
gezinti Spaziergang
gezmek besichtigen
gıda Lebensmittel
gibi wie *(Vergleich)*
gidip almak abholen
gidiş Hinfahrt
giriş Einfahrt, Eingang, Eintritt
giriş kartı Eintrittskarte
giriş ücreti Eintritt, Eintrittspreis
gişe Schalter
gitar Gitarre
gitmek gehen
gitti weg
gizli geheim
glütensiz glutenfrei
gofret Waffel
göğüs Brust

gök Himmel
gök gürültüsü Donner
gökkuşağı Regenbogen
göl See *(Binnengewässer)*
gölge Schatten
gömlek Hemd
göndermek schicken
görmek sehen
görülmeye değer yerler Sehenswürdigkeiten
görüş Einstellung, Sicht
göstermek zeigen
göz Auge
gözlük Brille
gram Gramm
grev Streik
gri grau
grup Gruppe
güç kompliziert, schwierig
güçlü stark
gül Rose
gülmek lachen
gülümsemek lächeln
gümrük Zoll
gümrükten muaf zollfrei
gümüş Silber
gün Tag
gün batımı Sonnenuntergang
gün doğumu Sonnenaufgang
güneş Sonne
güneş gözlüğü Sonnenbrille
güneş kremi Sonnencreme
güneş şapkası Sonnenhut
güneş yanığı Sonnenbrand
güneşten korunma faktörü Lichtschutzfaktor
güney Süden
günlük täglich
günlük bilet Tageskarte
günün yemeği Tagesgericht
gürültü Lärm
gürültülü laut
güvenilir zuverlässig
güvercin Taube
güzel hübsch, schön
güzel koku Duft

H

haber Nachricht
haberleşme Verständigung
hafif leicht, mild
hafta Woche

hafta sonu Wochenende
hakiki echt
hakkında über *(betreffend)*
hala noch, Tante
halka Ring
hamak Hängematte
hamile schwanger
hanım Dame
hap Tablette
harç Gebühr
hardal Senf
hareket etme Abreise
hareket saatleri Fahrplan
harika fantastisch, großartig
harita Karte, Landkarte
hasar Schaden
hasta krank
hastalık Krankheit
hastane Krankenhaus
haşarat *pl* Ungeziefer
haşhaş Mohn
hatıralık eşya Souvenir, Andenken
hatta sogar
hava Wetter
hava pompası Luftpumpe
hava sıcaklığı Temperatur
havaalanı Flughafen
havale Überweisung
havlu Handtuch
havuç Karotte
hayır nein
hayvan Tier
hazır bereit (zu), fertig
hazırlama Zubereitung
haziran Juni
hedef Ziel
hediye Geschenk
hediye etmek schenken
hemen gleich, sofort
hentbol Handball
hepsi alles
her iki beide
her şey alles
herkes man
hesabı ödemek bezahlen *(in der Gaststätte)*
hesap Konto
hırsızlık Diebstahl
hız Geschwindigkeit
hızlı schnell
hiç bir şey nichts
hiç kimse niemand
hindi Pute
hipermetrop weitsichtig

hissetmek fühlen
hobi Hobby
hoparlör Lautsprecher
hostel Jugendherberge
hostes Stewardess
hoş willkommen
hoşlanmak gefallen
Hristiyan christlich
huzursuz ungemütlich

I

ılık lauwarm
ısırgan bissig
ısırmak beißen
ısıtma Heizung *(Ofen)*
ıslak nass
ısmarlamak bestellen
ışık Licht
ızgara Grill

İ

iade etmek rückerstatten
iç çamaşır Unterwäsche
içecek Getränk
içeride drinnen
için für
içinde in, innerhalb
içine hinein
içme suyu Trinkwasser
içmek trinken
iğne Stachel *(Insekt)*, Nadel
ihtiyat Vorsicht
iki dilli zweisprachig
iki kişilik oda Doppelzimmer
iki kişilik yatak Doppelbett
ilaç Medikament
ile mit
ilginç interessant
ilişki Kontakt
ilkbahar Frühling
iltihap Entzündung
imdat telefonu Notruf
imkan Möglichkeit
imkansız unmöglich
imzalamak unterschreiben
inanmak glauben (an)
ince dünn, zart
indirim Sonderangebot
inek Kuh
inmek aussteigen
insan man
insanlar Leute
inşallah hoffentlich

internet sitesi Homepage
ip Seil
ipek Seide
iplik Faden
iptal etmek entwerten
ischaret etmék winken
ishal Durchfall
isim Name, Vorname
iskele Anlegestelle
iskonto Rabatt
İslam(iyet) Islam
istasyon Bahnhof
istek Wunsch
istemek wollen
istikamet Richtung
istisna Ausnahme
iş Arbeit, Geschäft, Job
işaretlemek ankreuzen
işitmek hören
işlemek funktionieren
işsiz arbeitslos
itfaiye Feuerwehr
itmek schieben
iyi gut
izin verilmiş zulässig
izin vermek erlauben
izlemek folgen, zuschauen
izomat Isomatte

K

kabarma Flut
kabin Kabine
kablosuz internet WLAN
kadar bis
kadın Frau, weiblich
kafeinsiz koffeinfrei
kağıt Papier
kahvaltı Frühstück
kahve Café, Kaffee
kahverengi braun
kalacak yer Unterkunft
kalem Stift
kalın dick
kalite Qualität
kalkış Abfahrt, Start
kalkmak aufstehen
kalma Aufenthalt
kalorifer Heizung
kalp Herz
kalp hastası herzkrank
kamara Kabine *(Schiff)*
kamarot Steward
kamp yeri Zeltplatz
kamping Campingplatz
kamyon Lastwagen
kan Blut
kanı Meinung

kapalı geschlossen
kapalı gişe ausverkauft
kapalı gün Ruhetag
kapamak schließen
kapanış Schluss
kaparo Anzahlung
kapı Tür
kapkacak Geschirr
kaptan Kapitän
kar Schnee
karaca Reh
karaciğer Leber
karanlık dunkel
karavan Wohnwagen
karbonik asit Kohlensäure
kardeş Geschwister
karı-koca Ehepaar
karın ağrısı Bauchschmerzen
karınca Ameise
karışık gemischt
karıştırmak mischen
karpuz Wassermelone
karşı gegen
karşılık Ersatz *(Ausgleich)*
karşısında gegenüber
karşıya geçmek überqueren
kartpostal Postkarte
kasa Kasse *(im Geschäft)*
kasa fişi Kassenzettel
kasap (dükkânı) Metzgerei
kasım November
kasırga Unwetter
kask Helm
kaşık Löffel
kaşkol Schal
kat Etage
katalog Katalog
katıksız pur
katma değer vergisi Mehrwertsteuer
katolik katholisch
kavşak Kreuzung *(Verkehr)*
kaya Fels, Felsen
kayak Ski
kayboldu weg *(verloren)*
kaydetmek aufschreiben, speichern *(Datei)*
kaygan glatt; rutschig
kayık Boot
kayıp eşya bürosu Fundbüro
kayısı Aprikose
kayıt Anmeldung
kaymak Sahne
kaynak Quelle
kaz Gans

kaza Unfall
kazanmak gewinnen, verdienen *(Geld)*
keçi Ziege
kedi Katze
kelebek Schmetterling
kelime Wort
keman Geige
kemer Gürtel
kene Zecke
kepek ekmek Vollkornbrot
kerpeten Zange
kertenkele Eidechse
keten Leinen
kılavuz Wegweiser, Reiseführer
kılçık Gräte
kırat Karat
kırılmış gebrochen
kırmızı rot
kırmızı şarap Rotwein
kırsal manzara Landschaft
kısa kurz
kısa devre Kurzschluss
kış Winter
kıvırcık saç Locken
kıyı Flussufer
kıymetli eşya *sg* Wertsachen
kız Mädchen, Tochter
kız arkadaş Freundin
kız böceği Libelle
kız kardeş Schwester
kibrit Streichhölzer
kilise Kirche
kilit Türschloss
kilitli dolap Schließfach
kilometre Kilometer
kim wer
kimlik Ausweis
kira Miete
kira bedeli Leihgebühr
kiralama (servisi) Verleih
kiralık araba Mietwagen
kiraya vermek vermieten
kiraz Kirschen
kirli dreckig, schmutzig
kirpi Igel
kişi Person
kitap Buch
koku Geruch
kol Arm
kol saati Armbanduhr
kolay einfach, leicht
koltuk değneği Krücke
kolye Kette
kompartıman Abteil

komple komplett
konaklama Übernachtung
kondüktör Schaffner
konser Konzert
konserve açacağı Dosenöffner
kontak lensler Kontaktlinsen
kontrol etmek überprüfen
konuşmak reden, sprechen
konut Wohnung
kopya Kopie
koridor Gang *(Hausgang)*
korku Angst
koskoca riesig
koşu yapmak joggen
kova Eimer
koymak legen
koyu dunkel *(Farbe)*
koyun Schaf
kök Wurzel
köpek Hund
köprü Brücke
köpüklü şarap Sekt
kör blind
körfez Bucht
köstebek Maulwurf
köşe Ecke
kötü schlecht, schlimm
köy Dorf
krem Creme
krem rengi beige
kriko Wagenheber
kudurmuş toll
kulak Ohr
kule Turm
kullanıcı kodu anfassen
kullanılmış gebraucht
kullanışsız unbequem
kullanmak benutzen
kulübe Hütte
kum Sand
kumaş Stoff
kupa Becher
kupon Gutschein
kur Kurs
kurabiye Gebäck
kural Vorschrift
kurt Wolf
kuru trocken
kuru temizleme Reinigung
kuş Vogel
kutlamak gratulieren
kutu Dose

kuyumcu Juwelier
kuzey Norden
kuzu Lamm
kuzu eti Lammfleisch
küçük klein
kül tablası Aschenbecher
kültür Kultur
kümes hayvanları Geflügel
küp Würfel
küpe Ohrringe
küre Kugel
kürek çekmek rudern
küvet Badewanne

L

laktozsuz laktosefrei
lamba Lampe
lavabo Waschbecken
levha Schild
leylek Storch
lezzet Geschmack
lezzetli lecker
liman Hafen
limon Zitrone
litre Liter
lüks Luxus
lütfen bitte

M

maalesef leider
maden suyu Mineralwasser
madeni para Münze
makarna Nudeln
makas Schere
makbuz Quittung
mantar Pilze
manzara Aussicht
marangoz Schreiner(in)
mart März
martı Möwe
masa Tisch
masaj Massage
maske Maske; Mundschutz
masraf Unkosten
mavi blau
mavi yolculuk Kreuzfahrt
mayıs Mai
mayo Badeanzug, Badehose
mayonez Mayonnaise
memnun froh, zufrieden
memnuniyetle gern
mendil Taschentuch
meraklı neugierig
merdiven Treppe
merhem Salbe
merkez Zentrum

merkezi zentral
mesafe Strecke *(Distanz)*
meslek Beruf
meşgul besetzt *(Telefon; Toilette)*
meşhur (yemek) Spezialität
met Flut
metre Meter
metro U-Bahn
mevsim Jahreszeit
mevsim sonu satış Schlussverkauf
meydan Platz
meyve Frucht, Obst
meyve suyu Saft
meyve ve tatlı Nachtisch
mezarlık Friedhof
meze Vorspeise
mısır Mais
midye Muscheln
millet Leute
milli park Nationalpark
milliyet Nationalität
misafir Gast
miyop kurzsichtig
mobil şebeke Mobilfunknetz
mobilya Möbel
mola Aufenthalt *(Pause)*
mor lila
motel Motel
motorlu tekne Motorboot
motosiklet Motorrad
mönü Menü
muhallebi Pudding
mum Kerzen
musluk Wasserhahn
musluk suyu Leitungswasser
mutfak Küche
mutluluk Glück
muz Banane
mükemmel perfekt
müsli Müsli
müşteri Kunde
müthiş toll
müze Museum
müzik Musik
müzisyen Musiker(in)

N

nabız Puls
nane Pfefferminze
nasıl wie
nazik höflich
ne was
nehir Fluss

nemli feucht
nerede wo
nereye wohin
neşeli lustig *(fröhlich)*
nezaketsiz unhöflich
ne zaman wann
nezle Schnupfen
niçin warum
nine Oma
nisan April
nişanlı verlobt
nitelik Qualität
noel Weihnachten
normal normal
numara Größe *(Schuhe, Kleidung)*, Nummer

O

o er
ocak Herd, Januar
oda Zimmer
odun Holz
oğul Sohn
oje Nagellack
okul Schule
okumak lesen
olağanüstü hervorragend
olanak Möglichkeit
olanaksız unmöglich
olmak sein, werden
onaylamak bestätigen
orada dort
organik biologisch *(Anbau)*
orman Wald
orta Mitte
ortaklaşa gemeinsam
ot Kräuter
otel Hotel
oto Auto
otobüs Bus
otobüs durağı Bushaltestelle
otomat Automat
otopark Parkplatz
otoyol gişesi Maut
oturacak yer Sitzplatz
oturmak wohnen
oyuncu Schauspieler(in)

Ö

öbür gün übermorgen
ödemek bezahlen, zahlen
öğle Mittag
öğle yemeği Mittagessen

öğleden önce Vormittag
öğleden sonra Nachmittag
öğrenmek lernen
öksürük Husten
ölü tot
önceden im Voraus
önceki gün vorgestern
önemli wichtig
önemsiz unwichtig
öneri Angebot, Vorschlag
öpücük Kuss
ördek Ente
örgüt(leme) Organisation
örnek Beispiel
örümcek Spinne
özel privat
özgür frei
özür Entschuldigung

P

pahalı teuer
paket Packung, Paket
palmiye Palme
pamuk Baumwolle, Watte
pantolon Hose
papağan Papagei
papatya Kamille
para Geld, Währung
parasız kostenlos
park Park
park etmek parken
park yasağı Parkverbot
parkmetre Parkuhr
parmak Finger
pasaport Pass, Reisepass
paskalya Ostern
pasta Kuchen
pastane Konditorei
patates Kartoffeln
patlıcan Aubergine
pazar Sonntag
pazar yeri Marktplatz
pazartesi Montag
peçete Serviette
pek az zu wenig
pembe rosa
pencere Fenster
pencere yanı Fensterplatz
peron Bahnsteig, Gleis
perşembe Donnerstag
peşin im Voraus
peynir Käse
pil Batterie
piliç Hähnchen
pipo Pfeife

pire Floh
pirinç Reis
pis kokmák stinken
piyano Klavier
plan Plan
plana uygun planmäßig
plaster Wundpflaster
polis Polizei
politikacı Politiker(in)
porsiyon Portion
portakal Orange
posta pulu Briefmarke
postane Postamt
poşet Tüte
priz Steckdose

R

radyo Radio
rahat bequem, gemütlich
rahatsızlık Störung
rakam Zahl
randevu Verabredung
reçete Rezept
rehberlik Führung
rekabet Konkurrenz
resepsiyon Rezeption
resim Bild
resim çekmek fotografieren
resim yapmak malen *(Bild)*
restoran Restaurant
restore etmék renovieren
rezervasyon yapmak reservieren
rezerve reserviert
ruj Lippenstift
rüya Traum
rüzgar Wind

S

saat Stunde, Uhr, Uhrzeit
sabır Geduld
sabun Seife
saç Haar
saç fırçası Haarbürste
saç kurutma makinesi Föhn
sadece nur
sağ rechts
sağır taub *(gehörlos)*
sağlıklı gesund
sağol danke
saha Feld
sahil Küste, Strand, Ufer
sahip Besitzer(in)
sahip olmak haben

sakal Bart
sakin ruhig
salam Wurst
salata Salat
salı Dienstag
saman nezlesi Heuschnupfen
sanat Kunst
sanatçı Künstler(in)
sandal Ruderboot
sandalye Stuhl
saniye Sekunde
sanmak glauben, meinen
sansar Marder
sar Würfel *(im Spiel)*
saray Schloss
sargı malzemesi Verbandszeug
sarhoş betrunken
sarı gelb
sarımsak Knoblauch
sarışın blond
sarkıntılık etmek belästigen
satın almak kaufen
satış Verkauf
sayı Zahl, Ziffer
sebep Grund, Ursache
sebze Gemüse
seçmek aussuchen, wählen
seks Sex
selam Gruß
selamlamak begrüßen
self servis Selbstbedienung
seloteyp Klebeband
sempatik freundlich
semt Stadtteil
sen du
serbest frei
sergi Ausstellung
serin kühl
sert hart, zäh *(Fleisch)*
sert içki Schnaps
servis Besteck
ses Geräusch, Stimme
sessiz leise, still, stumm
sevimli freundlich, nett
sevmek lieben, mögen
seyahat Reise
seyahat etmek reisen
seyahat acentesi Reisebüro
seyahat grubu Reisegruppe
seyrek selten
seyretmek zuschauen
sezon öncesi Vorsaison
sezon sonrası Nachsaison
sıcak heiß, warm

sıçan Ratte
sığ flach; seicht
sığır eti Rindfleisch
sık sık häufig, oft
sıkıcı langweilig
sınamak prüfen
sınır Grenze
sıra Reihe
sıradağ Gebirge
sırt Rücken
sırt çantası Rucksack
sigara içilmeyen alan Nichtraucherzone
sigara içmek rauchen
sigara içme yasağı Rauchverbot
sigaralar Zigaretten
sigorta Versicherung
silecekler Scheibenwischer
silmek löschen
sinek Fliege
sinek spreyi Insektenspray
sinema Kino
sirke Essig
sis Nebel
sivrisinek Mücke
sivrisinek ilacı Mückenschutz
sivrisinek sokması Mückenstich
siyah schwarz
-siz ohne
soba Ofen
sofra takımı Gedeck
soğan Zwiebel
soğuk kalt
sokma Stich
sol links
sollamak überholen *(Auto)*
som balığı Lachs
son Ende, Schluss
son durak Endstation
son kullanma tarihi Verfallsdatum
son temizlik Endreinigung
sonbahar Herbst
sormak fragen
sorumlu verantwortlich
sorun Problem
sos Soße
soyadı Nachname
söndürmek löschen *(Feuer)*
sörf yapmak surfen
söylemek sagen
söz vermek versprechen
sözcük Wort

sözleşmeli memur Angestellte(r)
sözlük Wörterbuch
spor Sport
spor ayakkabısı Turnschuhe
stresli stressig
su Wasser
su baskını Hochwasser
su geçirebilir undicht *(Schuhe)*
su geçirmez wasserdicht
su gibi fließend *(sprechen)*
su kaçıran undicht *(Wasserhahn)*
su kayağı Wasserski
su topu Wasserball
sucuk (türkische) Wurst
suçluluk Kriminalität
suçsuz unschuldig
sunum Angebot
susama Durst
susuzluk Durst
süpermarket Supermarkt
süpürge Besen
süre Dauer
sürpriz Überraschung
sürücü belgesi Führerschein
süt Milch
sütyen BH

Ş

şafak Morgendämmerung
şampuan Shampoo
şantiye Baustelle
şapka Hut
şarap Wein
şarj aleti Ladegerät
şarj etmek aufladen
şarj kablosu Ladekabel
şarkı Lied
şarkı söylemek singen
şarkıcı Sänger(in)
şaşırtı Überraschung
şehir Stadt
şehir planı Stadtplan
şeker Zucker
şezlong Liegestuhl, Liege
şık schick
şımartmak verwöhnen
şifre Geheimzahl, Passwort
şimdi jetzt
şimşek Blitz
şirin hübsch
şiş Schwellung

şişe Flasche
şişe açacağı Flaschenöffner
şişman dick *(Person)*
şişme bot Schlauchboot
şişme yatak Luftmatratze
şnorkel Schnorchel
şoför Fahrer
şok Schock
şömine Kamin
şubat Februar

T

tabak Teller
tablo Bild, Gemälde
tadına bakmak probieren
tadına varmak genießen
takı Schmuck
takım elbise Anzug
taksi Taxi
takvim Kalender
talihsizlik Unglück
tam pansiyon Vollpension
tam yağlı süt Vollmilch
tamam bereit, fertig
tamamlamak beenden
tamir Reparatur
tamirhane Werkstatt
tane Stück
tanımak kennen
tanınmış bekannt
tarçın Zimt
tarih Datum, Geschichte
tarla Feld
tartışma Diskussion
taş Stein
taşıtla gitmek wegfahren
tatil Ferien, Urlaub
tatil günü Feiertag
tatlı süß
tatmak probieren, kosten
tava Pfanne
tavan Zimmerdecke
tavsiye Tipp; Rat
tavsiye etmek empfehlen
tavuk Huhn
taze frisch
tazminat Entschädigung
tebrik Glückwunsch
tedavi Kur *(med)*
tehlike Gefahr
tehlike çıkışı Notausgang
tehlikesiz ungefährlich
tek başına allein
tek kişilik oda Einzelzimmer
tek kişilik yatak Einzelbett

tek tek einzeln
tek yaşayan Single
tek yönlü yol Einbahnstraße
tekerlekli sandalye Rollstuhl
teklif Vorschlag
tekne Boot, Schiff
tekne kiralanır Bootsverleih
tekrar wieder
tekrar etmek wiederholen
telaffuz Aussprache
telefon Telefon
telefon kartı Telefonkarte
telefon numarası Telefonnummer
televizyon Fernseher
temiz frisch, sauber
temizlemek putzen
temizlik malzemesi Putzmittel
temmuz Juli
tencere Topf
tenis Tennis
teras Terrasse
tercüman Dolmetscher(in)
tereyağı Butter
terlemek schwitzen
teyze Tante
tıka basa dolu überfüllt
tıklamak klicken
tıraş etmek rasieren
tırnak Fingernagel
tilki Fuchs
tipik typisch
tirbuşon Korkenzieher
tişört T-Shirt
tiyatro Theater
top Ball
toplam Summe
toplamak sammeln
toprak Grund, Boden
torik Thunfisch
tornavida Schraubenzieher
toz biber Pfeffer
tozlu staubig
tören Feier
trafik Verkehr
trafik lambası Ampel
trafik sıkışıklığı Stau
traktör Traktor
tramvay Straßenbahn
tren Zug, Bahn
tuhaf komisch, merkwürdig
tur Rundfahrt, Rundgang, Tour
turism danışma bürosu Fremdenverkehrsamt

turist rehberi Reiseleiter(in)
tutmak halten, festhalten
tutuklamak verhaften
tuvalet Toilette, WC
tuvalet kağıdı Toilettenpapier
tuz Salz
tüm ganz
tümü birden insgesamt
tünel Tunnel
Türk Türke, Türkin, türkisch
Türkçe(si) auf Türkisch
Türkiye Türkei
tütün Tabak

U

ucuz billig, günstig *(Preis)*
uçak Flugzeug
uçmak fliegen
uçuş Flug
ulaşılabilir erreichbar
uluslararası international
ummak erwarten *(hoffen)*
un Mehl
unutmak vergessen
USB çubuğu USB-Stick
utangaç schüchtern
uyandırmak wecken
uyanık wach
uyarı Warnung
uyarı yeleği Warnweste
uygun günstig *(passend)*
uygun fiyata preisgünstig
uyku tulumu Schlafsack
uymak beachten *(Regel)*
uyumak schlafen
uyuşturucu madde Droge
uzak weit
uzaklık Entfernung
uzatmak verlängern
uzatma kablosu Verlängerungskabel
uzun lang

Ü

ücret Gebühr
ücretli gebührenpflichtig
ücretsiz umsonst, gratis
ülke Land
üniversite Universität
ünlü berühmt
üşümek frieren
üşütme Erkältung
ütü Bügeleisen

üye Mitglied
üzerinde über
üzerinden über *(Strecke)*
üzgün traurig
üzüm Weintrauben

V

vagon Waggon
vanilya Vanille
vantilatör Ventilator
varış Ankunft
varmak ankommen
vatan Heimat
ve und
vejetarjen Vegetarier(in)
vejetaryen vegetarisch
vermek geben
vestiyer Garderobe *(im Theater)*
veteriner Tierarzt
veya oder
vezne Schalter *(Bank usw.)*
viraj Kurve
virüs Virus
vitamin Vitamin
vize Visum
voltaj Netzspannung
vücut losyonu Körperlotion
vücut şampuanı Duschgel

Y

yaban arısı Wespe
yaban domuzu Wildschwein
yabancı fremd
yabancı dil Fremdsprache
yağ Öl
yağlı fettig, fett
yağmur yağmak regnen
yağsız mager
Yahudi jüdisch
yaklaşık ungefähr
yakmak einschalten *(Licht)*
yalan Lüge
yalnız allein, einzeln
yangın Brand
yangın alarmı Feueralarm
yangın söndürücü Feuerlöscher
yanında neben
yanıt Antwort
yanlış anlama Missverständnis
yanmak brennen
yapmak machen, tun

yaprak Blatt
yara Wunde
yaralanma Verletzung
yararlı nützlich
yarasa Fledermaus
yardım Hilfe
yardım etmek helfen
yarı Hälfte
yarım halb
yarım pansiyon Halbpension
yarın morgen
yasak verboten
yassı flach *(Gelände)*
yastık Kissen
yaş Alter
yaşamak leben
yaşlı alt *(betagt)*
yat Jacht
yatak Bett, Matratze
yatak takımı Bettwäsche
yataklı vagon Schlafwagen
yavaş langsam
yaya bölgesi Fußgängerzone
yaya gezmek wandern
yaya yolu Gehweg
yaz Sommer
yazık schade
yazlık daire Ferienwohnung
yazlık ev Ferienhaus
yazmak aufschreiben, schreiben
yedek Ersatz
yedek lastik Reservereifen
yelkenli Segelboot
yelkenliyle gitmek segeln
yem Köder
yemeğe çıkmak essen gehen
yemék listesi Speisekarte
yemek yemek essen
yemekli vagon Speisewagen
yeni frisch, neu
yenilemek renovieren
yenilmek verlieren
yenir essbar
yer Boden, Ort, Platz *(Sitzplatz)*
yer ayırtmak buchen
yer fıstığı Erdnüsse
yere inmek landen
yerel saat Ortszeit
yerine anstatt, statt
yeşil grün
yeter genug
yetişkin Erwachsene, Erwachsener

yetkili zuständig
yığın Menge *(Masse)*
yıkamak waschen
yıl Jahr
yılan Schlange *(Tier)*
yılbaşı Neujahr
yılbaşı gecesi Silvester *(abend)*
yıldız Stern
yırtık Riss
yiyecekler Lebensmittel
yoğurt Joghurt
yoksul arm
yol Route, Weg
yol işareti Wegweiser
yol yapım çalışmaları Straßenarbeiten
yolculuk Reise
yolda unterwegs
yorgan Bettdecke
yorgun müde
yukarı(ya) hinauf
yukarıda oben
yumurta Ei
yumuşak weich, mild
yüksek hoch
yüksek sezon Hauptsaison
yün Wolle
yürüyen merdiven Rolltreppe
yüz Gesicht
yüzde Prozent
yüzme bilmeyen Nichtschwimmer
yüzme havuzu Schwimmbad, Swimmingpool
yüzmek schwimmen
yüzme kolluğu Schwimmflügel
yüzük Ring *(Fingerring)*
yüz yastığı Kopfkissen

Z

zaman Zeit
zamanında pünktlich, rechtzeitig
zannetmek glauben, meinen
zarar Schaden
zayıf dünn, schwach
zehirleme Vergiftung
zehirli giftig
zeki intelligent
zemin Boden

zemin katı Erdgeschoss
zencefil Ingwer
zengin reich
zeytin Oliven
zil Klingel
zirve Gipfel
ziyaret etmek besuchen
zor schwierig
zorunda olmak müssen

Die Zahlen

0 .... sıfır ßəfər
1 .... bir bir
2 .... iki ikí
3 .... üç ütsch
4 .... dört dört
5 .... beş besch
6 .... altı altə́
7 .... yedi jedí
8 .... sekiz ßekís
9 .... dokuz dokús
10 .... on on
11 .... on bir ón-bir
12 .... on iki ón-iki
13 .... on üç ón-ütsch
14 .... on dört ón-dört
15 .... on beş ón-besch
16 .... on altı ón-altə
17 .... on yedi ón-jedi
18 .... on sekiz ón-ßekis
19 .... on dokuz ón-dokus
20 .... yirmi jirmí
21 .... yirmi bir jirmi-bír
22 .... yirmi iki jirmi-ikí
23 .... yirmi üç jirmi-ǘtsch
24 .... yirmi dört jirmi-dő́rt
25 .... yirmi beş jirmi-bésch
26 .... yirmi altı jirmi-altə́
27 .... yirmi yedi jirmi-jedí